»Die Liebe ist der Endzweck der Weltgeschichte, das Unum des Universums«: Der sechsundzwanzigjährige Friedrich von Hardenberg, der Dichter Novalis also, trug diese Worte im Jahre 1798 in eines seiner Studienhefte ein. Wie kommt ein junger Mann zu einer solchen Vision? Was einen am meisten interessiert und bewegt, darüber spricht man am meisten. Liebe war in der Tat ein zentrales Thema von Hardenbergs Leben und Werk. Tiefe persönliche Erfahrung verband sich dabei mit philosophischer Erkenntnis und religiöser Offenbarung. Zugleich wurde ihm Liebe zum Leitbegriff für politische Visionen in der von Revolution und Krieg bewegten Zeit an der Wende zum 19. Jahrhundert. Aber auch als Sexualität ist Liebe überall in seinem Werk präsent, sei es im sinnlichen Traum Heinrichs von Ofterdingen über eine blaue Blume, in den orgiastischen Bildern der Hymnen an die Nacht oder in den vielen und oftmals kühnen Überlegungen zur Psychologie der Geschlechter.

Aus Novalis' Tagebüchern, Briefen, den Dichtungen und theoretischen Schriften ist hier eine Anthologie zusammengestellt, die einen eigenen Zugang zu seinem Werk als Ganzem verschafft. Denn Dichtung, Theorie und die Aufzeichnung von Persönlichstem beleuchten einander wechselseitig und erweisen überdies die Modernität seines Denkens.

Gerhard Schulz, Emeritus Professor der University of Melbourne, ist als einer der Editoren der historisch-kritischen Novalis-Ausgabe und als Verfasser einer zweibändigen Literaturgeschichte der klassisch-romantischen Zeit bekannt. Seine Novalis-Biographie und eine einbändige kommentierte Studienausgabe von dessen Werken haben weite Verbreitung gefunden. In der vorliegenden Auswahl führt er Leserinnen und Leser behutsam Schritt für Schritt durch das Universum der Liebesvorstellungen von Novalis. Ein Essay über Novalis' Erotik beschließt den Band, der zum Gedenken an den 200. Todestag des Dichters am 25. März 2001 erscheint.

insel taschenbuch 2703
Novalis
Über die Liebe

Novalis
Über die Liebe

Ausgewählt von
Gerhard Schulz

Insel Verlag

Umschlagfoto: Superstock

insel taschenbuch 2703
Erste Auflage 2001
Originalausgabe
© Insel Verlag Frankfurt am Main und Leipzig 2001
Vertrieb durch den Suhrkamp Taschenbuch Verlag
Umschlag nach Entwürfen von Willy Fleckhaus
Satz: Hümmer GmbH, Waldbüttelbrunn
Druck: Nomos Verlagsgesellschaft, Baden-Baden
Printed in Germany

1 2 3 4 5 6 – 06 05 04 03 02 01

Inhalt

Über die Liebe

Zeichenerklärung

[ ] = vom Herausgeber ergänzt
[...] = Auslassung im Text
⟨ ⟩ = von Novalis gestrichen
Kursive Schrift innerhalb von Novalis' Text
        bezeichnet von ihm im Manuskript
        Unterstrichenes.
( ) = Zahlenangaben in runden Klammern
        beziehen sich auf Band und Seite
        der historisch-kritischen Novalis-Ausgabe
        (vgl. S. 217).

Zur Einführung

Als am 25. März 1801 der Salinenassessor und thüringisch-sächsische Amtshauptmann Georg Friedrich Philipp von Hardenberg im Alter von 28 Jahren, 10 Monaten und 23 Tagen in Weißenfels an der Tuberkulose starb, wußte von ihm als Dichter nur jenes recht begrenzte deutsche Lesepublikum, dem das Journal *Athenaeum* oder die *Jahrbücher der Preußischen Monarchie* bekannt waren. Zwei Sammlungen sogenannter »Fragmente«, also kurzer, oft aphoristischer Beobachtungen, Einfälle und Überlegungen, hatte Hardenberg 1798 darin veröffentlicht; *Blüthenstaub* hieß die eine und *Glauben und Liebe* die andere. In Gemeinschaft und im regen Austausch mit seinem Freund Friedrich Schlegel war er damals gerade dabei, »Fragmente« zur Ausdrucksform neuer, provokativer Gedanken zu entwickeln, angeregt durch Vorbilder wie die *Maximen und Gedanken* des Franzosen Nicolas Chamfort, die 1795 erschienen waren. Außerdem brachte das *Athenaeum* von ihm zwei Jahre später noch eine lyrische Dichtung, die *Hymnen an die Nacht*, worin sich herausfordernde Gedanken mit einer kühnen Bildersprache verbanden, die nicht auf zeitgemäße Popularität angelegt war. Alles in allem also bedeutete das ein gedrucktes Lebenswerk von kaum mehr als fünfzig Seiten, publiziert überdies lediglich unter dem Pseudonym »Novalis«, »welcher Name ein alter Geschlechtsnahme von mir ist«, wie Hardenberg einmal August Wilhelm Schlegel erklärte (24. 2. 1798). Nur wußten von dieser Identität wenige.

Schmal also war das gedruckte Werk Friedrich von Hardenbergs zum Zeitpunkt seines Todes. Die Schriftstellerei hatte er ohnehin nicht als Hauptberuf betrieben; er war, wie gesagt, kursächsischer Beamter, und für die Tätigkeit auf den thüringischen Salinen um Weißenfels, denen sein Vater als Direktor vorstand, brauchte er neben der juristischen eine solide naturwissenschaftliche und technische Ausbildung. Groß und vielgestaltig zeigte sich wohl gerade deshalb der Nachlaß an unveröffentlichten Papieren, den seine Freunde bald zu sichten begannen. Ein Roman gehörte dazu, in dem es um eine blaue Blume ging – die ihn dereinst weltberühmt machen sollte –, daneben eine längere, der Natur gewidmete Erzählung, beides unvollendet, zahlreiche Gedichte, viele davon aus seinen Anfängen als ganz junger Dichter, außerdem Briefe und vor allem eine Fülle von theoretischen Aufzeichnungen. Teils handelte es sich dabei um selbständige, auf Denkanstöße angelegte Fragmente wie in den zwei schon bekannten Sammlungen, teils waren es auf größere Zusammenhänge bezogene Studien aus den Gebieten der Medizin, Physik Chemie, Mineralogie, Geologie, Bergbaukunde, der Geschichte, Politik, Literatur und vor allem der Philosophie. Ein ständig bewegter Intellekt spiegelt sich in ihnen und eine ebenso bewegte Zeit. Denn man lebte in einem Jahrzehnt folgenreicher naturwissenschaftlicher Entdeckungen, das zugleich dasjenige der Französischen Revolution und der deutschen idealistischen Philosophie war. Bei Schiller in Jena hatte Hardenberg studiert, Fichte lernte er dort kennen und das Weimar Goethes lag ebenfalls nur eine kurze Reise von Weißenfels, dem Elternhaus und Ort beruflicher Pflichten, entfernt.

Nur blieb dieses Werk auf lange Zeit nach seinem Tod unbekannt. Erst stückweise und abhängig vom Geschmack einzelner Editoren wurde einiges davon zugänglich gemacht. Als Folge bildeten sich pauschale Vorstellungen vom deutschen romantischen Dichter Novalis heraus, noch bevor man überblicken und verstehen konnte, was er tatsächlich gedacht und geschrieben hatte. Denn als Ganzes betrachtet zeigte dieses Werk nicht schlechterdings einen todessüchtigen Träumer von ewiger Liebe als Kompensation für die ihm versagte irdische. Vielmehr bahnte sich hier ein genauer Beobachter menschlichen Empfindens und Verhaltens Wege in bisher Unerkanntes und Ungesagtes. In seinem, dem 18. Jahrhundert, dem Zeitalter der Aufklärung, waren im Namen der Liebe nicht nur gesellschaftliche Konventionen angegriffen worden, sondern man hatte auch begonnen, in der Liebe dem Zusammenhang von Emotionen, Affekten und Trieben, von Idealen und körperlicher Realität nachzuspüren. Am Anfang dieses Prozesses standen, um nur einige Namen zu nennen, Richardson, Rousseau und Goethe. Romane wie diejenigen Jean Pauls, Choderlos des Laclos', François-René de Chateaubriands, Benjamin Constants oder später dann ein Buch wie Stendhals *Über die Liebe* gehören in die weitere Geschichte der Erkundung dieses höchst komplexen Phänomens. Daß auch Novalis darin ein bedeutender Rang gebührt – und nicht nur in deutsch-provinziellen, sondern durchaus in europäischen Dimensionen –, ist erst mit der vollständigen Edition seiner Werke erkennbar geworden.

Dem Zugang dazu soll diese Anthologie dienen. Liebe im ganzen Bedeutungsspielraum des Begriffes, der von dem Naturtrieb der Sexualität über das breite Konfliktfeld der Psychologie bis in die Höhen der Theologie reicht, bildet so sehr einen Kern von Hardenbergs Leben, Denken und Schreiben, daß sie sehr wohl als Schlüssel für sein Werk als Ganzes betrachtet werden kann. Darüber hinaus freilich darf eine solche Sammlung auch den Anspruch erheben, einen eigenständigen Beitrag zum unerschöpflichen Thema Liebe innerhalb der Geschichte der Gefühle zu bieten.

Grundsätzlich werden die ausgewählten Texte chronologisch dargeboten, folgen also Novalis' Biographie in großen Zügen. Gelegentlich jedoch muß solche zeitliche Folge durchbrochen werden, wo thematische Zusammenhänge den stärkeren Reiz ausüben und aufschlußreicher für das Verständnis sind. Hier zu vermitteln und Verbindungen herzustellen, wo sie nicht leicht erkennbar sind, ist die Aufgabe der einführenden Bemerkungen zu den einzelnen Kapiteln und Texten dieses Buches. Sie beschränken sich auf das sachlich Notwendige; den Anspruch, erläuternder Kommentar zu sein, erheben sie nicht.

Der Anthologie liegt der Text der historisch-kritischen Ausgabe zugrunde, an der der Herausgeber Anteil hatte. Orthographie und Interpunktion wurden unverändert gelassen. Nicht nur haben moderne Leserinnen und Leser nach den Wirren einer fragwürdigen Rechtschreibreform wieder größeres Verständnis für die liberalere Handhabung von Regeln – die oft stark variierende Schreibweise einzelner Wörter vermag zugleich etwas von der Vorläufigkeit der Gedanken darzutun, mit denen Novalis experimentierte. Überdies aber zeigt sie, daß hier nun eben ein junger Mensch einer anderen Zeit am Werke ist. Umso mehr kann es dann überraschen, wenn seine Gedanken oder Beobachtungen und Deutungen menschlichen Verhaltens auch den Bewohnern einer späteren Zeit die Augen für sich selbst öffnen und ihren eigenen Erfahrungen Ausdruck geben.

1. »*Ich träumt als Knabe schon von Liebe*«

»Ich träumt als Knabe schon von Liebe«, beginnt ein Gedicht des jungen Friedrich von Hardenberg. Nur war er zu der Zeit, da er es schrieb, selbst noch ein Knabe, und seine Erklärung, »Liebe« sei sein »ganzes Leben«, kann man kaum als erfahrungsgesättigt betrachten. Vielmehr handelte es sich um literarische Fingerübungen, wie bei den meisten der Gedichte, die als Jugendnachlaß erst spät bekannt geworden sind und die vorwiegend in den Jahren zwischen 1788 und 1791 entstanden, also von der Hand eines Gymnasiasten und jungen Studenten herrühren. Noch zehn Jahre sollte es dauern, ehe aus diesem jungen, rege schreibenden Poeten der Lyriker Novalis wurde. Fast alles, was seit der Mitte des 18. Jahrhunderts in der deutschen Lyrik an Stoffen, Themen, Bildern, Motiven und Formen gang und gäbe war, spiegelt sich in den frühen Versen Hardenbergs. Anakreontik und Rokoko, Spätaufklärung, antike Dichtung, Wieland, Bürger und Schiller als Modelle geben sich ein Stelldichein darin, und unter den Themen spielt neben politischer Panegyrik, bürgerlicher Idyllik, Religion und dem Freundschaftskult natürlich die Liebe eine gewichtige Rolle. Die Fertigkeit ist oft bestechend, und auch manch individuelle Züge werden schon sichtbar, die im reifen Werk wieder erscheinen, so zum Beispiel die Erotisierung des Flüssigen in Gedichten wie *Badelied* (S. 105) und *Das Bad* (S. 106). Überhaupt ist die sinnliche Komponente, die später eine so große Rolle spielen wird, nicht zu übersehen, noch ist es der Versuch, eine Art Metaphysik der Liebe zu entwickeln und sie als den Zusammenhalt des »Welten-

baus« zu verstehen, in dem »die Elemente sich begatten«.
Auch ein anderes späteres Lebensthema wird schließlich an-
geschlagen, wenn Orpheus, der Prototyp des Poeten, vom
Bündnis der Liebe mit dem Tode singt. Überliefert ist das
Fragment eines Orpheus-Epos in Hexametern, in dem sich
das hier wiedergegebene Klagelied als Verseinlage findet.

Die Liebe [1]

1

Wenn sanft von Rosenhügeln
Der Tag nach Westen schleicht,
Der Nacht mit Schlummerflügeln
Und Sternenchor entweicht.

2

Will ich die Liebe singen
Auf der Theorbe hier,
Mein Lockenhaar umschlingen
Mit süssen Myrrten ihr.

3

Es soll dann wiedertönen
In dieser Grotte Nacht
Das Loblied meiner Schönen
Wenn nur die Quelle wacht.

4

Und wenn vom Morgensterne
Mir Wonne niederblinckt,
Und sich die heitre Ferne
Mit Rosenkranz umschlingt.

Theorbe = *die Laute*

Tön ich in kühlen Klüften
Auch meiner Liebe Lied
Umtanzt von BlumenDüften
Wenn aller Schlummer flieht.

6

Und rund um mich erwachet
Der Nachtigallen chor
Und jede Aue lachet
Und jeder Hirt ist Ohr.

7

Nein süßers, als die Liebe
Empfand kein Sterblicher,
Was hie bevor war trübe
Wird durch sie lieblicher.

(VI.1,60 f.)

Die Liebe [2]

Ich träumt als Knabe schon von Liebe
Noch eh mein Herz sie selbst empfand;
Die seligen die Unschuldsvollen Triebe
Mir gänzlich waren unbekannt.

Ich fühlte schon mich hingezogen
Zu Mädchens eh noch weicher Pflaum
Die jugendliche Wange mir bezogen
Ich fühlt es; als er sproßte kaum.

Und da ich sie empfand da kamen
So selige Gefühle! nein!
Für sie kennt keine Sprache einen Namen,
Sie wollen nur empfunden seyn.

Da tönt es Tag und Nacht im Hayne
Mein frohes, liebevolles Lied
Beym sanften Mondes Silberscheine
Wenn früh sich Licht und Dunkel schied.

Und Liebe war mein ganzes Leben
Und Liebe tönte mein Gesang
Ich trank die Liebe in dem Saft der Reben
Mein heitrer Blick war Liebekrank.

Und noch als Mann dien ich der Liebe
Die glücklich mir mein Leben macht
Als grauer Greis empfind ich gleiche Triebe
Dereinst, wenn gleich mein Auge Nacht.

Und Liebe soll mich auch begleiten
Ins kühlere und ruhge Grab
Und soll mich auch in jenes Leben Leiten
Denn da bricht ja mein Glück nicht ab.

(VI.1, 309 f.)

Der Liebende

O! Liebe, du allmächtge Zauberin
Bald wie Cythere schön, ihr gleich an Wollustreitze,
Und selbst der Grazien Lehrerin,
Bald gleich an Grausamkeit dem schlummerlosen Geitze,
Entflammst du nicht zur kühnsten Heldenthat
Und zeigst du nicht gleich gütig nach Cythere
Den sanften, rosenfarbnen Pfad,
Als die gethürmte Bahn zum Nachruhm und zur Ehre.

Du bists durch die in niegestörter Ruh
Die Elemente sich begatten,
Der Weltbau steht und die Orions nie ermatten
In dem verworrnen Tanz; du winkst Erhaltung zu
Dem Sternenbau, und unsrer fruchtbarn Erde;
Du sprichst im Lenz das Machtwort: Werde!
Und alles blüht und webt und gattet sich,
Sogar im Lüftchen fühlt man dich.

Kein MenschenHerz vermag zu wiederstreben
Du schleichst in jegliches hinein
Und will es sich nicht dir auf diese Art ergeben
So muß es doch auf eine andre seyn;
Dem Proteus gleich an mächtgen Zaubereyn
Verbirgst du dich in frommen Mädchenblicken
In schlauen Wiz und feine Schmeicheleyn
Und Thränen, welche oft den Kältesten bestricken.

Cythere = *Beiname der Venus nach einem ihr gewidmeten Tempel auf der Insel Kythera.*

Und ohne dich ist Dünstebildern gleich
Der Sterbliche, er lebt ein Pflanzenleben,
Und wär er auch an Gütern überreich
Ein König gar, beherrscht' ein ganzes Reich,
Er könnte sich das wahre Glück nicht geben
In dem die Sterblichen durch dich nur Liebe schweben.
Gefühlvoll sieht er die Natur im Schmucke nie
Kalt ist und bleibt er wie Pygmalions Statue[.]

(VI.1, 230f.)

Ich weiß nicht was
Ballade

Jüngst als Lisettchen im Fenster saß
Da kam Herr Filidor
Und küßte sie
Umschlang ihr weiches weißes Knie;
Und sagt ihr was ins Ohr;
Ich weiß nicht was.

Dann giengen beyde fort, er und sie
Und lagerten sich hier
Im hohen Gras
Und triebens frey mit Scherz und Spaß,
Er spielte viel mit ihr;
Ich weis nicht wie.

Zum Spielen hatte er viel Genie,
Er triebs gar mancherley,
Bald so bald so,

Da ward das gute Mädel froh,
Doch seufzte sie dabey,
Ich weiß nicht wie!

Das Ding behagt den Herren baß
Oft giengs da capo an!
Doch hieß es drauf
Nach manchen, manchen Mondenlauf
Er hab ihr was gethan;
Ich weiß nicht was.

(VI.1,121 f.)

Lied des Orpheus

1.

Sie lebte in sicherer Ruhe
Eurydice die schönste der sterblichen Mädchen
Ihr Geist war sanft wie der Zephir
Der über Blumengefilde haucht.

2.

Wir lebten in Friede
Da kam der verderbende Tod
Ihren Busen stach die giftige Natter
Sie starb im ruhigen Schlummer.

3.

Nun sieht sie den Orkus und lebt in Elysium
In seliger Ruhe, in ewigen Frieden
Ewiger May lächelt auf ihren Wangen;
Die Unterwelt nahm sie mit Neide mir weg.

4.

Ich verzweifelte da kam im Traume
Venus mit tröstender Stimme
Hoffnung blühte mir auf
Hoffnung sie wiederzusehn

5.

Vögel klaget mit mir,
Luna, gütige Göttin
Und du alternder Hayn
Euridicen entriß mir der Tod.

6.

Aber ich soll sie wiedersehn
O freut euch o hüpfet ihr Wellen
Die sie so oft trank
Den gütigen Göttern opferte.

7.

Ich soll sie im Orkus holen
Die Gattin, Euridicen, die Todte,
Ich Sterblicher soll sie aus dem Orkus holen
Mit Gesang aus dem unzugänglichen Orkus.

8.

O freut euch ihr Hayne!
Ihr Felsen!
Ich sehe sie wieder
Mit Wonne im Arme sie wieder.

(VI.1, 380 f.)

2. »Es kann kein Rausch sein«

Am 17. November 1794 begegnete Friedrich von Hardenberg in dem kleinen thüringischen Ort Grüningen zum erstenmal Sophie von Kühn; sie lebte dort mit Geschwistern, Mutter und Stiefvater, dem Hauptmann von Rockenthien, einem lustig-derben Landadligen. Der junge Rechtspraktikant, der gerade sein Universitätsstudium abgeschlossen hatte, verliebte sich in das noch nicht einmal dreizehnjährige Mädchen. Das war ungewöhnlich selbst für die damaligen Zeiten geringerer Lebenserwartung und früher Heiraten, besonders in Adelskreisen, aber Liebe nimmt nicht auf das Gewöhnliche Rücksicht. Im März 1795 jedenfalls verlobte sich Hardenberg mit ihr, denn so unkonventionell seine Neigung sein mochte, so sehr hatte sie für ihn von vornherein die Ehe als Ziel, also das Gesellschaftlich-Normale. Das erweist schon das kleine Gedicht »Walzer« aus der Zeit kurz vor der Bekanntschaft mit Sophie. Die Intimität des eben erst aufgekommenen bürgerlichen Tanzes wird verbunden mit dem Wunsch, eine Braut zu finden, also einen Hausstand und eine Familie zu gründen. Früh auch erscheint Hardenberg, dem Schüler Friedrich Schillers und Johann Gottlieb Fichtes, die Liebe unter einer philosophischen Perspektive. Auf »sittliche Grazie« und »höheres Bewußtsein« sei sie angelegt, auf Bildung der Menschheit; das Gedicht *Zu Sophiens Geburtstag* ist mit seinem Anfang deutlich eine Kontrafaktur zu Schillers Ode *An die Freude*. Zur ethisch-philosophischen Mission gehört zugleich die vehemente Ablehnung der Deutung von Liebe als Rausch, ein Motiv, das bei Novalis – der doch so gern und nicht zu Unrecht als Dichter von Rauschzuständen angesehen wird –

auch später wiederkehrt. Beide Aspekte, der bürgerlich-familiäre und der philosophisch-teleologische, werden in seinem weiterem Verständnis von Liebe eine prägende Rolle spielen.

Seiner jungen Braut war dergleichen fremd, wie die genau beobachtende Skizze »Klarisse« aus dem Jahre 1796 zeigt, in der Novalis für die Braut den Namen von Samuel Richardsons liebender Romanheldin in Anspruch nimmt. Mit deren Schicksal hatte Sophie von Kühn indes nur den frühen Tod gemein: im Herbst 1795 erkrankte sie schwer, vermutlich an einem tuberkulösen Leberabszess, und starb nach vielen Qualen am 19. März 1797. Die Erfahrung des Todes gab nun Novalis' Liebesverständnis eine neue Dimension.

Tagebuchblatt Dezember 1794

Ich ritt heute früh sehr heiter von hier weg. Lutzen Sömmern hatt' ich bald erreicht. Anstatt gerade zu auf Kreyssen
loszureiten, verirrte ich mich nach Ganglof Sömmern. Der
Umweg ist nicht bedeutend und 5 Minuten vor 9 Uhr zeigte
mir ein Mann schon das Grüninger Schloß von fern. Ich ritt
brav zu. Noch vor ¼ auf 10 Uhr ritt ich durchs Wasser und
war mit Leib und Seele in – Grüningen. Mein Leib traf vielmehr meine Seele schon dort. [...]   (IV, 22)

Walzer

Hinunter die Pfade des Lebens gedreht
Pausirt nicht, ich bitt euch so lang es noch geht
Drükt vester die Mädchen ans klopfende Herz
Ihr wißt ja wie flüchtig ist Jugend und Scherz.

Laßt fern von uns Zanken und Eifersucht seyn
Und nimmer die Stunden mit Grillen entweihn
Dem Schuzgeist der Liebe nur gläubig vertraut
Es findet noch jeder gewiß eine Braut.

(I, 385)

Anfang

Es kann kein Rausch seyn – oder ich wäre nicht
Für diesen Stern geboren – nur so von Ohngefähr
    In dieser tollen Welt zu nah an
  Seinen magnetischen Kreys gekommen.

Ein Rausch wär wircklich *sittlicher Grazie*
Vollendetes Bewußtseyn? – Glauben an Menschheit wär
    Nur Spielwerck einer frohen Stunde –?
   Wäre dis Rausch, was ist dann das Leben?

Soll ich getrennt seyn ewig? – ist Vorgefühl
Der künftigen Vereinigung, dessen, was
    Wir hier für Unser schon erkannten,
   Aber nicht ganz noch besitzen konnten –

Ist dis auch Rausch? so bliebe der Nüchternheit,
Der Wahrheit nur die Masse, der Thon, und das
    Gefühl der Leere, des Verlustes
   Und der vernichtigenden Entsagung.

Womit wird denn belohnt für die Anstrengung
Zu leben wieder willen, feind von sich selbst zu seyn
    Und tief sich in den Staub getreten
   Lächelnd zu sehn – und Bestimmung meynen.

Was führt den Weisen denn durch d[es] Lebens Thal,
Als Fackel zu dem höheren Seyn hinauf –
    Soll er nur hier geduldig bauen,
   Nieder sich legen und ewig todt seyn.

Du bist nicht Rausch – du Stimme des Genius,
Du Anschaun dessen, was uns unsterblich macht,
    Und du Bewußtseyn jenes Werthes,
   Der nur erst einzeln allhier erkannt wird.

Einst wird die Menschheit seyn, was Sophie mir
Jezt ist – vollendet – sittliche Grazie –
   Dann wird ihr *höheres Bewußtseyn*
Nicht mehr verwechselt mit Dunst des Weines.

(I, 386f.)

Am Sonnabend Abend

Bin ich noch der, der gestern Morgen
Dem Gott des Leichtsinns Hymnen sang
Und über allen Ernst und Sorgen
Der Freude leichte Geißel schwang –
Der, jeder Einladung entgegen,
Das Herz in beyden Händen, flog
Und wie ein junges Blut, verwegen
Auf jedes Abentheuer zog.

Der mit den Kinderschuhen lange
Der Liebe Kartenhaus verließ,
Und wie das Glück, in seinem Gange
An Reiche, wie an Karten, stieß,
Im Kampf der neuen Elemente
Im Geist schon Sieger sang: *ça va*,
Und schon die Schöpfung im Convente
Und Gott, als Presidenten, sah.

ça va = *wie auch* Convent *und* President *Anspielungen auf die Französische
Revolution und die eigene einstmalige Begeisterung dafür.*

Der schlauer noch, als ein Berliner,
In Mädchen Jesuiten spürt,
Und Vater Adams Gattin kühner,
Als wahren Stifter denuncirt.
In dessen Stube längst vergessen
Das Bild des Aberglaubens hieng
Und der zum Spott nur in die Messen
Von den Elftausend Jungfern gieng.

Derselbe kanns nicht sein, der heute
Beklemmt weit auf die Weste knöpft
Und schweigend an der Morgenseite
So ämsig Luft von dorther schöpft.
Den vierzehn Jahre so entzücken,
(Bald sind die 7 Wochen voll)
Und der in jeden Augenblicken,
Was anders will, was anders soll.

Ist das der Mann, der Sieben Weisen
Im Umsehn in die Tasche steckt,
Den schon die kürzeste der Reisen
So wundersam im Schlafe weckt.
Und der noch kaum die stolzen Träume
Der Weisheit lahm fortschleichen sieht,
Als aus dem hoffnungsvollsten Keime
Für ihn ein Rosenstock schon blüht.

Berliner = *Berliner Aufklärer wie Friedrich Nicolai waren entschiedene Gegner des damals verbotenen Jesuitenordens.*
vierzehn Jahre = *nach einem populären Spruch begann mit 14 Jahren und 7 Wochen das heiratsfähige Alter.*

O! immer fort der Mann von Gestern,
Was kümmert seine Flucht denn mich –
Die guten Stunden haben Schwestern,
Und Schwestern – die gesellen sich.
Damit sie immer sich erkennen
Und immer froh beysammen seyn,
Will ich ein Wort zur Loesung nennen –
Sophie soll die Losung seyn.

(I, 387 f.)

Klarisse

Ihre Frühreife. Sie wünscht allen zu gefallen. Ihr Gehorsam und ihre Furcht vor dem Vater. Ihre Decenz und doch ihre unschuldige Treuherzigkeit. Ihr Steifsinn und ihre Schmiegsamkeit gegen Leute, die sie einmal schäzt, oder die sie fürchtet. Ihr Betragen in der Kranckheit. Ihre Launen. Wovon spricht sie gern. Artigkeit gegen Fremde. Wolthätigkeit. Hang zum kindischen Spiel. Anhänglichkeit an Weiber. Ihre Urtheile. Gesinnungen. Anzug. Tanz. Geschäftigkeit im Hause. Liebe zu ihren Geschwistern. Musikalisches Gehör. Ihre Lieblinge. Geschmack. Religiosität. Freyer Lebensgenuß. Ließt sie gern. Hang zu weiblichen Arbeiten. / Sie *will nichts seyn* – Sie *ist* etwas. / Ihr Gesicht – ihre Figur – ihr *Leben*. ihre Gesundheit – ihre politische Lage. / Ihre Bewegungen. Ihre Sprache. Ihre Hand. Sie macht nicht viel aus Poësie. Ihr Betragen gegen andre, gegen mich. Offenheit. / Sie scheint noch nicht z[u] eigentlichen reflectiren gekommen zu seyn – Kam ich doch auch erst in einer gewissen Periode dazu. / Mit wem ist Sie zeitlebens umgegangen. Wo ist Sie gewesen? Was ißt Sie gern. *Ihr Betragen gegen mich.*

Ihr Schreck für der Ehe. / Ich muß Sie recht nach Ihren Eigenheiten fragen [...] Ihre Art sich zu freuen – zu betrüben. Was ihr am meisten von Menschen und Sachen gefallen. Ist ihr Temperament erwacht? [...] Ihr Tabaksrauchen. Ihre Anhänglichkeit an die Mutter, als Kind. [...] Ihre Dreistigkeit gegen den Vater. Ihre Confirmation. Sie hat v[on] d[er] Machére Einmal Schläge gekriegt. *Je reviens.* Ihre Gespensterfurcht. Ihre Wirthschaftlichkeit. [...] Wie sie den Dieb hat halten wollen. Gesicht bey Zoten. Talent nachzumachen. Ihre Wolthätigkeit. Urtheile über Sie. Sie ist mäßig – wolthätig. Sie ist irritabel – sensibel. Ihr Hang Gebildet zu seyn – Ihr Abscheu für dem Vexiren, dem Geträtsche; Ihre Achtsamkeit auf fremde Urtheile. Ihr Beobachtungsgeist. Kinderliebe. Ordnungsgeist. Herrschsucht. Ihre Sorgfalt und Passion für das *Schickliche* – Sie will haben, daß ich überall gefalle. Sie hats übel genommen, daß ich mich zu früh an die Eltern gewandt habe, und es mir zu bald und zu allgemein merken lassen. Sie hört gern erzählen. Sie will sich nicht durch meine Liebe geniren lassen. Meine Liebe drückt sie oft. Sie ist *kalt* durchgehends. [...]

Sie glaubt an kein künftiges Leben – aber an die Seelenwanderung. [Friedrich] Schlegel interressirt sie. Sie kann zu große Aufmercksamkeit nicht leiden und nimmt doch Vernachlässigung übel. Sie fürchtet sich so für Spinnen und Mäusen. Sie will mich immer vergnügt. Die Wunde soll ich nicht sehn. Sie läßt sich nicht dutzen. Ihr H auf der Wange. Lieblingsessen – Kräutersuppe – Rindfleisch und Bohnen – Aal. Sie trinckt gern Wein. Sieht gern etwas – liebt d[ie] Komoedie. Sie denkt mehr über andre, als über sich nach.

(IV, 24 f.)

Machére = *Jeanette Danscour, die französische Gouvernante in Sophie von Kühns Elternhaus.*

Zu Sophiens Geburtstag

Wer ein holdes Weib errungen
Stimme seinen Jubel ein.
Mir ist dieser Wurf gelungen
Töne Jubel – die ist mein.
So hat nie das Herz geschlagen
Nie so hoch und nie so gut.
Künftig neigt vor meinen Tagen
Selbst der Glücklichste den Hut.

Fest umschlingt den Bund der Herzen
Nun der Ring der Ewigkeit
Und es bricht der Stab der Schmerzen
Am Altar der Einigkeit.
O –! im Himmel ist geschlossen
Unsrer Herzen süßer Bund.
Ist ein bessrer Spruch entflossen
Je des Schicksals weisen Mund?

Dir gehört nun was ich habe
Was ich denke fühle bin,
Und du nimmst nun jede Gabe
Meines Schicksals für dich hin.
Was ich sucht, hab ich gefunden,
Was ich fand, das fand auch mich,
Und die Geißel meiner Stunden
Zweifelsucht und Leichtsinn wich.

Geburtstag = *Sophie von Kühns 13. Geburtstag am 17. März 1795.*

Nimmer soll mein Mund dich loben
Weil mein Herz zu warm dich ehrt.
Tief im Busen aufgehoben
Wohne heimlich mir dein Werth.
Nie im Guten läßig weile
Dieses Lob nimm dir dann hin.
Wenn ich wunde Herzen heile
Jede Stunde besser bin

Liebes Mädchen deiner Liebe
Dank ich Achtung noch und Werth,
Wenn sich unsre Erdenliebe
Schon in Himmelslust verklärt.
Ohne dich wär ich noch lange
Rastlos auf und abgeschwankt,
Und auf meinem Lebensgange
Oft am Ueberdruß erkrankt.

Wenn nur unsre Mutter wieder
Frisch und ledig bey uns steht
Und im Kreise unsrer Brüder
Stolz die Friedensfahne weht.
Wenn dann noch ein Süßer Trauter
Unsre Lolly fest umschlang –
O –! Dann tönt noch zehnfach lauter
Unsres Jubels Hochgesang.

Lolly = *wohl Caroline von Kühn, eine Schwester Sophies. Auch deren Mutter
und Brüder sind gemeint.*

Wenig still durchhoffte Jahre
Leiten unverwandt zum Ziel,
Wo am glücklichen Altare
Endet unsrer Wünsche Spiel,
Uns, auf Ewig Eins, verschwinden,
Wölkchen gleich, des Lebens Mühn
Und um unsre Herzen winden
Kränze sich von Immergrün.

(I, 390 f.)

An Wilhelmine von Thümmel (Februar 1796)

Beste, gnädige Frau,

Endlich ergreife ich eine der süßesten Erlaubnißen meines Lebens. Es würde langweilig seyn Ihnen die Hinderniße vorzurechnen, die bisher Einem meiner liebsten Wünsche entgegentraten. Lieber verweile ich bey dem frohern Hinblick auf eine Zukunft, wo ein regelmäßiger Briefwechsel, Leiden und Freuden zwischen uns theilt und eine Freundschaft schon hier unterhält, die längern Othem haben dürfte, als für die Erdgebürge. Das Bedürfniß einer Mittheilung an eine feingebildete, weibliche Seele ist für mich so dringend, so wolthätig, so natürlich, daß ich es als einen sehr bestimmten Zug meines Lebens ansehe, daß ich Liebe und Freundschaft zugleich fand – und so beyde durch diese Vereinigung gewannen. In der Freundschaft muß ein Funken Liebe – in der Liebe eine Ader von Freundschaft seyn – In Mischungen solcher Art wohnt die Seele des Genusses. [...]

(IV, 165 f.)

Wilhelmine von Thümmel = *eine Stiefschwester Sophie von Kühns.*

An Caroline Just (10. 4. 1796)

[...] Übrigens bin ich noch ganz der Alte – vielleicht ein wenig lustiger. Wissenschaften und *Liebe* füllen meine ganze Seele. Ich habe mein Ich so mit *Ihrem* Bilde amalgamirt, daß ich keinen Athemzug ohne Sie thue. Es wächst mit jedem Tage und ich hätte nie geglaubt, eine Empfindung könne so unaufhörlich wachsen und doch noch immer Raum behalten. Dabey bin ich doch sowenig Schwärmer, daß ich in dieser Rücksicht einem jährigen Ehemann den Handschuh hinwerfen könnte – Nur Huldigung, nur unaussprechliches Gefallen, nur wundersame Anhänglichkeit – nicht eine Spur von wilder, an sich reißender Leidenschaft. [...]

(IV,181)

Caroline Just = *eine Nichte des Amtmanns August Cölestin Just in Tennstedt, bei dem Hardenberg als Praktikant angestellt war.*

3. »Aber die Liebe fehlt«

Am 10. März 1797 hatte Novalis Sophie von Kühn zum letzten Mal gesehen, am 19. war sie dann gestorben. So wenig überraschend dieser Tod auch kam, so tief erschütterte er ihn dennoch. Seiner Totenklage hat er in Briefen bewegenden Ausdruck gegeben. Doch die tiefe Verlorenheit wurde in ihm nach und nach produktiv. »Meine Ideen sind geschäftig«, schreibt er an Caroline Just, zunächst noch zweifelnd an der Nützlichkeit alles Denkens, denn »die Liebe, die Liebe fehlt – und mit ihr fehlt alles«. Aber bald sieht er in diesem Tod »einen Schlüssel zu allem«: Liebe, so empfindet er nun, überdauert den Tod und schließt das Tor zur Unendlichkeit auf. Was er persönlich erfährt, erhält jedoch für ihn zugleich Allgemeingültigkeit in der Idee des Mittlertums. Der Tod eines liebenden und geliebten Menschen vermittelt zwischen Zeit und Ewigkeit, und was ihm seine Braut eröffnet, das bietet Christus durch seinen Tod der gesamten Menschheit dar. So entsteht in Novalis ein sehr persönlicher und recht unorthodoxer Begriff vom Christentum als einer Religion der Liebe, die im Glauben den Tod besiegt.

In einem *Journal* verfolgt er genau notierend über Monate hinweg diesen Wandlungsprozeß, angefangen mit dem »Zielgedanken«, der Geliebten aus freiem »Entschluß« – auch dieses Wort verwendet er mehrfach für seine Absicht – nachzusterben. Dem Datum läßt er jeweils die Zahl der Tage nach Sophie von Kühns Tod folgen. Allerdings sieht dieses Tagebuch bereits weiter als sein Verfasser, denn es zeugt zunehmend vom Einfluß der Literatur auf ihn. Von August Wilhelm Schlegel hatte er gerade den ersten Band von dessen genialer Shakespeare-Übersetzung gesandt bekommen, der ausgerechnet *Romeo und Julia* enthielt. »So ist das Grab zum Brautbett mir erwählt« war darin zu lesen, einem vierzehnjährigen Mädchen zugeschrieben, die zudem wünscht, »daß alle Welt sich in die Nacht verliebt, / Und niemand mehr der eitlen Sonne huldigt.« Aber auch Goethes Roman *Wilhelm Meisters Lehrjahre*, dessen letzter Band erst vor ein paar Monaten erschienen war, wird gelesen und ruft den Wunsch hervor, ihn zu »vollenden«. Und natürlich bleibt ebenso die Philosophie Fichtes der Gegenstand fortgesetzten Weiterdenkens. Was jedoch diesem Tagebuch einen besonderen, ja außerordentlichen Charakter gibt, sind Hardenbergs überraschend genaue Notate zu seiner Sexualität. Darauf wird das Nachwort ausführlicher eingehen.

An Caroline Just (24.-28. 3. 1797)

[...] Ihre Leiden werd ich ewig nicht verwinden. Die Martern dieser himmlischen Seele bleiben der Dornenkranz meiner übrigen Tage. Wollte Gott, den ich flehentlich darum gebeten habe, daß sie kurz wären. Eine unbestimmte, vielleicht sehr lange Zeit von ihr getrennt zu seyn – den Gedanken kann ich noch immer nicht tragen. Wenn meine Wehmuth zur leisen Flamme würde, die mich so verzehrte, daß mich dann ein leichter Luftstoß in einen Haufen Asche verwandelte, sollte Sofie nicht diesen Wunsch unterstützen. Ihr Leben hielt ohnedem meine geistige Existenz zusammen [...].

Meine Ideen sind geschäftig – mein Verstand hat eher gewonnen, als verloren – aber die Liebe, die Liebe fehlt – und mit ihr fehlt alles – denn sie giebt Alles – aber Sie nimmt auch alles. Was hilft es mir ein Ideenwebstuhl zu seyn – Für das Lebendige ist kein Ersatz. [...]

(IV, 209 ff.)

An Wilhelmine von Thümmel (13. 4. 1797)

Sie glauben nicht, wie abgestorben ich mich fühle – dennoch bin ich gewöhnlich ruhig, theilnehmend und fähig alle Arbeiten zu machen – Ich habe noch einiges zu verrichten – dann mag die Flamme der Liebe und Sehnsucht auflodern und dem Geliebten Schatten, die liebende Seele nachsenden. Der Augenblick des Widersehns ist der freudigste Aufblick, den ich noch unter dieser Sonne habe.

Sie umgiebt mich unaufhörlich – Alles was ich noch thue, thue ich in ihrem Namen. Sie war der Anfang – sie wird das

Ende meines Lebens seyn. Ihre Leiden sind mir Wunden, die nur die balsamische Luft einer bessern Welt heilen wird. Es ist ein unaussprechliches Gefühl – einen Engel, wie Sie – eine Geliebte, wie sie, in so schrecklichen Kämpfen gewußt zu haben.

Das Verlangen Ihrem Grabe näher zu seyn, überwog die Angst für den Errinnerungen dieser Gegend. Es ist auch mein Grab – meine ganze Freude, meine Aussichten – mein Leben, meine Liebe liegen hier begraben. Ihr und mein Grab werden mich gewiß, so lang ich noch lebe, mit unaussprechlicher Liebe und Kraft zu allem Guten erfüllen. Die Gewisheit, daß Sie um mich ist, daß Sie mich, den So ganz Ihr Gewidmeten, noch ein wenig liebt, besonders da Sie jezt weis, wie treu und ewig ich es mit ihr gemeynt, diese Gewisheit erhebt mich gewiß zum Bessern und macht mich Ihrer wehrter. [...]

(IV, 218)

An Friedrich Schlegel (13. 4. 1797)

Mein Herbst ist da und ich fühle mich so frey, gewöhnlich so kräftig – es kann noch etwas aus mir werden. Soviel versichre ich Dir heilig – daß es mir ganz klar schon ist, welcher himmlischer Zufall ihr Tod gewesen ist – ein Schlüssel zu allem – Ein wunderbarschicklicher Schritt. Nur so konnte so manches rein gelößt, nur so manches Unreife gezeitigt werden. Eine einfache, mächtige Kraft ist in mir zur Besinnung gekommen. Meine Liebe ist zur Flamme geworden, die alles Irrdische nachgerade verzehrt. [...]

(IV, 220)

Aus dem *Journal* (April-Juni 1797)

18. [April 1797] 31. Dienstag. 3ten Osterfeyertag. Früh sinnliche Regungen. Mancherley Gedanken über *Sie* und über mich. Phil[osophie] ziemlich heiter, und leicht. Der Zielgedanke stand ziemlich fest – Gefühl von Schwäche – aber Extension und Progression. [...] Bey Tisch und nachher heiter und gesprächig.

20. [April] 33. Heute viel an S[ophie] gedacht. Früh nicht recht aufgelegt – gegen Mittag besser. Nachmittag wieder so – nicht recht heiter – aber gefühlvoller, als sonst.

21. [April] 34. Früh sinnliche Fantasieen. Dann ziemlich philosophisch, Rockenthiens kamen. In einer gleichgültigen, mithin für die Gesellsch[aft] ziemlich aufgelegten Stimmung blieb ich den ganzen Tag. Ich fühlte mich zuweilen nicht ganz wohl. Im Meister las ich Nachmittags unten einiges, wobey mir manches Interressante über meine bisherige Bildung einfiel. An S[ophie] hab ich oft – aber nicht mit Innigkeit gedacht – an Er[asmus] kalt. Auch heute hab ich zuviel gegessen.

23. [April] 36. Heute früh viel vernünftiger, als gestern. Viel gutes niedergeschrieben. Nachtisch Kaffee im Garten, recht windstill einmal in mir. Oft an S[ophie] und den Entschluß gedacht. Abends in Youngs Nachtgedanken geblättert – viel über Meister nachgedacht – Sonst in der gewöhnlichen Gesellschaftsstimmung. [...]

Erasmus = *ein Bruder von Novalis. Er war am 14. April 1797 gestorben.*
Young = *Edward Young, Klagen, oder Nachtgedanken über Leben, Tod und Unsterblichkeit (dt. 1766/67).*

24. [April] 37. Der Kopf war mir zwar nicht recht heiter – aber doch hatt ich früh eine *selige* Stunde. Meine Fantasie war zwar zu weilen ein wenig lüstern – doch war ich heute ziemlich gut. Nachmittags war der Kopf hell. Meister beschäftigte mich den ganzen Tag. Meine Liebe zu Sofieen erschien mir in einem neuen Lichte. [...]

Sophiee wird's immer besser gehen. Ich muß nur immer noch mehr in ihr leben. Nur in ihrem Andenken ist mir wahrhaft wohl.

28. [April] 41. Heute früh lebhafte Sehnsucht. Nachher Meister. Nachmitt[ags] Bericht. [...] Gut und männlich – lebafte Errinnerungen. Meistern muß ich vollenden. Vollenden muß ich noch lernen – Mit Einer Sache aufs reine kommen.

30. [April] 43. – 4ten May. 47. [...] Die Nacht schlief ich unruhig. Den folgenden Tag regnete es beständig. Früh weint ich sehr – Nach Tisch wieder. Den ganzen Tag war ich ganz ihrem Andenken heilig. Den 2ten May schenkten mir die guten Eltern die Tasse, den Beutel und das Flacon, was Söphchen ihren lezten Geburtstag erhielt. Ich war sehr gerührt – dann gieng ich zu ihrem Grabe und steckte die Blumen darauf, die ich Tags vorher von der guten Kreisamtmännin erhalten hatte. Mittags hatten sie eine große Bretzel backen lassen.

[...] Jezt schein ich ebenfalls kalt und *zu sehr in der Stimmung des Alltagslebens zu seyn.* Die Gesellschaft will mir noch gar nicht bekommen. Strebe nur nach der höhern, permanenten Reflexion und ihrer Stimmung. O! daß ich sowenig in der Höhe bleiben kann.

5. [May] 48. Früh, wie gewöhnlich, an Sie gedacht. Nachher über Kritik. Dann Meister. Nach Tisch *heftig* gekannegießert. Meister. Spatzieren gegangen – heiter und vernünftig unterwegs gedacht bes[onders] über die Göthesche Bemerckung, daß man so selten die rechten Mittel zu seinen Zwecken kennt und wählt, so selten den rechten Weg einschlägt. Ich scheine jezt fester und gründlicher werden zu wollen. Abends *viel* gegessen – mit Frau Kr[eisamtmännin] über Carolinchen gesprochen. Spät recht lebhaft Söffchens Bild vor mir gehabt – *En Profil*, neben mir auf dem Kanapee – im grünen Halstuch – in Karacteristischen Situationen in Kleidern fällt sie mir am leichtesten ein. Abends überh[aupt] *recht innig an Sie gedacht.* Ich habe Ursach heute mit allem zufrieden zu seyn. Gott hat mich bisher *liebevoll* geführt – er wirds gewiß auch ferner thun.

11. [May] 54. Früh Philosophica. Es war ein schöner Morgen – Nach Tisch schlief ich – Gewitter standen am Himmel – es ward trübe und stürmisch – Ich sprach wieder mit der Machere – gerührt, wie gestern. Nachher hellte sich der Himmel wieder auf – ich schrieb an Meisters Kritik – Gieng mit Gedanken an Meister und verwandte Gegenstände im schönsten Wetter spatzieren – pflückte Blumen – streute sie aufs Grab – ich war innig mit ihr – diese halbe Stunde war ich sehr glücklich, sehr ruhig – sehr von ihrem Andenken belebt. Abends war ich recht heiter und genoß den schönen Abend lange auf dem Platz in Gesellschaft.

12. [May] 55. Die Lüsternheit war von früh bis Nachmittags rege. Ich schrieb mancherley auf [...] Nachher an mein

Kreisamtmännin = *Rahel Just, die Ehefrau von August Cölestin Just.*

liebes Grab – wo ich bis um 7 blieb – und recht innig für mich war, ohne iedoch zu weinen. Zu Haus Abends hatt ich in einem Gespräch mit der Machere einige Rührungen. Dann kam der Vater – wir aßen und giengen zu Bett.

13. [May] 56. [...] Ich kriegte einen Brief von Schlegel mit dem 1sten Theil der neuen Shakespeareschen Übersetzungen. Nach Tisch gieng ich spatzieren – dann Kaffee – das Wetter trübte sich – erst Gewitter dann wolkig und stürmisch – sehr lüstern – ich fieng an in Shakesp[eare] zu lesen – ich las mich recht hinein. Abends gieng ich zu Sophieen. Dort war ich unbeschreiblich freudig – aufblitzende Enthusiasmus Momente – Das Grab blies ich wie Staub, vor mir hin – Jahrhunderte waren wie Momente – ihre Nähe war fühlbar – ich glaubte sie solle immer vortreten – Wie ich nach Hause kam – hatte ich einige Rührungen im Gespräch mit Machere. Sonst war ich den ganzen Tag sehr vergnügt. [...] Abends hatte ich noch einige gute Ideen. Shakespeare gab mir viel zu dencken.

14. – 15. [May] 57.-58. Beyde Tage stand ich sehr früh auf. Gethan hab ich fast nichts. Viel Lüsternheit. Den ersten Tag kam die Mandelsloh früh – ich gieng in die Kirche – dort war mir sehr wohl. [...] Gestern Abend war ich am Grabe und hatte einige wilde Freudenmomente. [...] Der Entschluß kam diese Tage oft zur Sprache. Meine Mutter, Vater, und die Methode machen mir noch zu schaffen. An S[ophie] ist oft gedacht worden; doch fehlt es noch immer nicht an leichtsinnigen Gedanken.

Machere = *Jeanette Danscour (vgl. S. 34).*

17. 18. [May] 60. 61. [...] Ich muß nur immermehr *um Ihret Willen leben – für Sie* bin ich nur – für mich und für keinen Andern nicht. Sie ist das Höchste – das Einzige. *Wenn ich nur in jedem Augenblicke ihrer werth seyn könnte* – Meine Hauptaufgabe sollte seyn – Alles in Beziehung auf ihre Idee zu bringen.

19. [May] 62. [...] Auf dem Spatziergange faßte ich einige deutliche Ideen. Am Grabe war ich nachdenkend – aber meistens ungerührt. Seit einigen Tagen *ängstigen* mich diese Errinnerungen wieder – ich fühlte mich unaussprechlich einsam in gewissen Momenten – so entsezlichen Jammer in dem, was mir begegnet ist. Beym Grabe fiel mir ein – daß ich durch meinen Tod der Menschheit eine solche Treue bis in den Tod vorführe – Ich mache ihr gleichsam eine solche Liebe möglich.

20. [May] 63. [...] Früh sprach ich lange an dem mit Rosenbepflanzten Grabe mit Karolinchen. Romeo las ich noch einmal – [...]

Die Aufsätze im Niethammerschen *Journal* las ich mit Nachdenken. Nachmittags vermochte ich auch hell zu denken. Es war sehr heiß, wie gestern. Auf dem Grabe dachte ich manches, ohne eigentlich gerührt zu seyn – Aber ich habe diesen Abend, so wie den ganzen Tag, wieder die Bangigkeit ihres Todes – das Einsame meiner Lage – das Entsezliche ihres Verlustes gefühlt.

Ohne Sie ist für mich *nichts* in der Welt – Eigentlich sollt ich auf nichts mehr einen Werth legen.

Karolinchen = *Sophie von Kühns ältere Schwester Karoline*
Niethammer = *Friedrich Immanuel Niethammer, Professor der Philosophie in Jena.*

21. [May] 64. Früh etwas aus Fichte extrahirt – ein wenig weit die Lüsternheit getrieben. Nachmittags fuhr die Mutter zur Kindtaufe mit Carolinchen nach Weißensee [...]

22. [May] 65. [...] Je mehr der sinnliche Schmerz nachläßt, desto mehr wächst die geistige Trauer, desto höher steigt eine Art von ruhiger Verzweiflung. Die Welt wird immer fremder – die Dinge um mich her immer gleichgültiger. Desto *heller* wird es jezt *um* mich und *in* mir –

Bey meinem Entschluß darf ich nur nicht zu vernünfteln anfangen – Jeder Vernunftgrund, Jede Vorspiegelung des Herzens ist schon Zweifel, Schwanken und *Untreue*.

25. [May] 68. [...] Der Tag war ungemein schön wieder. Nachmittags las ich im Asmus, wo mir manches gefiel – gieng träg spatzieren schlief zu Hause – *überließ mich gänzlich der Lüsternheit* – schrieb Briefe ohne Geist und befand mich in einem Zustand von Unzufriedenheit und Zweifelsucht [...].

29. 30. [May] 72.-73. [...] Den Tag über war ich sehr lüstern – Eine Stimmung die mich auch bis auf heute verfolgte. Den heutigen Morgen verbrachte ich ziemlich schläfrig – doch konnte ich Einiges denken [...]. Nachmittags giengs mit dem Schreiben und Denken besser – auch war die Begierde weg. Abends, wie ich zur geliebten Ruhestatt gieng – war das Denken drückend geworden. Dis zerstreute mich auch und verhinderte mich am stillen, traurigen Genuß ihres Todes. Der Entschluß stand fest. [...]

Asmus = *Matthias Claudius' Pseudonym.*

6. [Junius] 80. Heute früh war der Inspector Senf da; fuhr aber gleich wieder weg. Ich bin den ganzen Tag fleißig und aufgelegt gewesen. Abends hatt ich im Garten eine süße, heitre, höchstlebhafte Errinnerungsstunde.

Wer den Schmerz flieht, will nicht mehr lieben. Der Liebende muß die Lücke ewig fühlen, die Wunde stets offen erhalten. Gott erhalte mir immer diesen unbeschreiblichen lieben Schmerz – die wehmüthige Errinnerung – diese muthige Sehnsucht – den männlichen Entschluß und den felsen *vesten Glauben*. Ohne meine Sophie bin ich gar nichts – Mit Ihr Alles. [...]

9. [Junius] 83. Der ganze Tag ist heute im Holze und auf dem Felde zugebracht worden. Die lüsterne Fantasie des Morgens veranlaßte Nachmittags eine Explosion. Ich hatte Vormittags Kopfschmerzen, Nachmittags war ich desto munterer – auch Abends sehr zum Denken aufgelegt. Bey Tisch schwazt und erzählt ich einmal sehr viel – *more consueto*. Das Einzige Gute fand ich heute – die Idee der unaussprechlichen Einsamkeit, die mich seit S[ophiens] Tode umgiebt – *mit ihr ist für mich die ganze Welt ausgestorben* – Ich gehöre seitdem nicht mehr hieher.

Vom 16ten bis zum 29sten Junius. Den 16ten fühlt ich mich entsezlich träge und unlustig – so auch den 17ten früh – hier erwachte jedoch plözlich, nach einer Befriedigung meiner fantastischen Lust, Vis et Robur. Ich beschloß künftig häufige körperliche Anstrengungen und Hut für Trägheit. [...] Xstus und *Sophie*. (IV,29-48)

more consueto = *nach gewohnter Weise.*
Vis et Robur = *Kraft und Stärke.*

Betrachtung (Juli 1798)

Verbindung, die auch für den Tod geschlossen ist – ist eine Hochzeit – die uns eine Genossin für die Nacht giebt. Im Tode ist die Liebe, am süßesten; für den Liebenden ist der Tod eine Brautnacht – ein Geheimniß süßer Mysterien.

> Ist es nicht klug für die Nacht ein geselliges Lager zu suchen?
> Darum ist klüglich gesinnt – der auch Entschlummerte liebt.

Die Abenddämmerung – ist immer eine wehmüthige, wie die Morgendämmerung eine freudige Erwartungsvolle Stunde.

(IV,50)

4. »Was du wircklich liebst, das bleibt Dir«

Philosophie sei die Seele seines Lebens und der Schlüssel zu seinem eigenen Selbst, schreibt Novalis Anfang 1796 an den Freund Friedrich Schlegel. Dieses Lieblingsstudium, das »wie seine Braut« heißt, hatte bereits 1793/94 begonnen, und man möchte sich geradezu fragen, ob bei seiner Verzauberung durch das junge Mädchen der Name – »Sofie heißt sie« – vielleicht gar eine Rolle gespielt haben könnte. Erste theoretische Überlegungen zur Liebe wachsen unmittelbar aus dem Studium der Philosophie Fichtes hervor. Dessen Begriff des Ich führt Hardenberg zu Überlegungen über den Unterschied zwischen Einzelnem und der Gattung und weiter dann zu Gedanken über die Vergänglichkeit alles Einzelnen, mithin also zum Phänomen des Todes. Daraus wiederum entsteht aus philosophischer Perspektive der Gedanke von der Liebe als einer Kraft, die über alles Vergängliche hinausreicht: »Was du wircklich liebst, das bleibt Dir.« Mit diesem, aus dem Herbst 1795 stammenden Satz beginnen Novalis' Aufzeichnungen über Liebe in seinem theoretischen Werk. Die philosophische Erörterung von Transzendenz, der Versuch also zur Überwindung aller Vergänglichkeit, führte ihn geradenwegs in die Religion. So kommt es unter anderem zu dem nahezu blasphemisch wirkenden Satz: »Ich habe zu Söfchen Religion – nicht Liebe«, ein Satz, der dennoch nichts anderes als die konsequente Fortsetzung eines auf Lebenstatsachen bezogenen philosophischen Denkprozesses ist.

Die schwere Erkrankung Sophie von Kühns mag manche dieser Gedanken über Vergänglichkeit und Tod angeregt

haben, noch bevor die Ärzte ihre Hilflosigkeit eingestehen
mußten. Die folgenden Aufzeichnungen sind chronologisch
geordnet, wobei die Bemerkung, zu »Söfchen« Religion zu
haben, sicherlich erst nach ihrem Tode gemacht wurde und
mithin eine Zäsur innerhalb dieser Aufzeichnungen andeuten dürfte.

An Friedrich Schlegel (8. 7. 1796)

[...] Mein Lieblingsstudium heißt im Grunde, wie meine
Braut. Sofie heißt sie – Filosofie ist die Seele meines Lebens
und der Schlüssel zu meinem eigensten Selbst. Seit jener Bekanntschaft bin ich auch mit diesem Studio ganz amalgamirt. Du wirst mich prüfen. Etwas zu schreiben und zu
heyrathen ist Ein Ziel fast meiner Wünsche. Fichten bin ich
Aufmunterung schuldig – Er ists, der mich weckte und indirecte zuschürt. [...] Ich fühle in Allem immer mehr die
erhabnen Glieder ein[es] wunderbaren Ganzen – in das ich
hineinwachsen, das zur Fülle meines Ichs werden soll – und
muß ich nicht alles gern leiden, da ich liebe und mehr liebe,
als die 8 Spannenlange Gestalt im Raume, und länger liebe,
als die Schwingung der Lebenssayte währt. Spinotza und
Zinzendorf haben sie erfaßt, die unendliche Idee der Liebe
und geahndet die Methode – sich für sie und sie für sich zu
realisiren auf diesem Staubfaden. Schade, daß ich in Fichte
noch nichts von dieser Aussicht sehe, nichts von diesem
Schöpfungsathem fühle. Aber er ist nahe dran – Er muß in
ihren Zauberkreis treten – wenn ihm nicht sein früheres Leben den Staub von den Flügeln gewischt hat. [...]

(IV,188)

Aufzeichnungen 1795 - 1798

[...] Unser Ich ist Gattung und Einzelnes – allg[emein] und
bes[onders]. Die zufällige, oder einzelne Form unsers Ich
hört nur für die einzelne Form auf – der Tod macht nur
dem *Egoïsmus* ein Ende. Die einzelne Form bleibt nur für
das Ganze, insofern sie eine Allgemeine geworden war. Wir

sprechen vom Ich – als Einem, und es sind doch Zwey, die durchaus verschieden sind – aber absolute Correlata. Das Zufällige muß schwinden, das Gute muß bleiben. Das Zufällige war zufällig, das wesentliche bleibt wesentlich.

Was du wircklich liebst, das bleibt Dir.

Man weiß nicht, was man wünscht, wenn man das Zufällige fixiren möchte – über *Liebe*.

/Das Zufällige *will man zufällig*./

Das Allgemeine jedes Augenblicks bleibt, denn es ist im Ganzen. In jedem Augenblicke, in jeder Erscheinung wirckt das Ganze – die Menschheit, das Ewige ist allgegenwärtig – denn sie kennt weder Zeit noch Raum – wir sind, wir leben, wir denken in Gott, denn dis ist die personificirte Gattung. [...]   (II, 248 f.)

Es gibt nur 2 Urelemente und Eine Sfäre der Erscheinung für dieselben./ Liebe – als synthetische Kraft.   (II, 292)

Ich habe zu Söfchen Religion – nicht Liebe. Absolute Liebe, vom Herzen unabhängige, auf Glauben gegründete, ist Religion.   (II, 395)

Liebe kann durch absoluten Willen in Religion übergehn. Des höchsten Wesens wird man nur durch Tod werth. /Versöhnungstod./   (II, 395)

Interesse ist Theilnahme an dem Leiden und der Thätigkeit eines Wesens. Mich interessirt etwas, wenn es mich zur

Theilnahme zu erregen weiß. Kein Interesse ist interessanter, als was man an sich selbst nimmt; so wie der Grund einer merkwürdigen Freundschaft und Liebe die Theilnahme ist, zu der mich ein Mensch reizt, der mit sich selbst beschäftigt ist, der mich durch seine Mittheilung gleichsam einladet an seinem Geschäfte Theil zu nehmen. (II, 427 f.)

Von einem liebenswerthen Gegenstande können wir nicht genug hören, nicht genug sprechen. Wir freuen uns über jedes neue, treffende, verherrlichende Wort. Es liegt nicht an uns, daß er nicht Gegenstand aller Gegenstände wird.

(II, 429)

Jeder geliebte Gegenstand ist der Mittelpunkt eines Paradieses. (II, 433)

Im eigentlichsten Sinn ist philosophiren – ein Liebkosen – eine Bezeugung der innigsten Liebe zum Nachdenken, der absoluten Lust an der Weisheit. (II, 524)

Zur Welt suchen wir den *Entwurf* - dieser Entwurf sind wir selbst – Was sind wir? personificirte *allmächtige Puncte*. Die Ausführung, als Bild des Entwurfs, muß ihm aber auch in der Freythätigkeit und Selbstbeziehung gleich seyn – und umgekehrt. Das Leben oder das Wesen des Geistes besteht also in Zeugung Gebährung und Erziehung seines Gleichen. Nur insofern der Mensch also mit sich selbst eine glückliche Ehe führt – und eine schöne Familie ausmacht, ist er überhaupt Ehe und Familienfähig. Act der Selbstumarmung.

Man muß sich nie gestehen, daß man sich selbst liebt – Das Geheimniß dieses Geständnisses ist das Lebensprincip der alleinwahren und ewigen Liebe. Der erste Kuß in diesem Verständnisse ist das Princip der Philosophie – der Ursprung einer neuen Welt – der Anfang der absoluten Zeitrechnung – die Vollziehung eines unendlich wachsenden Selbstbundes.

Wem gefiele nicht eine Philosophie, deren Keim ein erster Kuß ist?

Liebe popularisirt die Personalitaet – Sie macht Individualitaeten *mittheilbar* und *verständlich*. (Liebesverständniß.) (II, 541)

Ich wünschte, daß meine Leser die Bemerckung, daß der Anfang der Philosophie ein erster Kuß ist, in einem Augenblick läsen, wo sie Mozarts Composition: Wenn die Liebe in Deinen blauen Augen – recht seelenvoll vortragen hörten – wenn sie nicht gar in der Ahndungsvollen Nähe eines ersten Kusses seyn sollten. (II, 542)

Es geht mit der Liebe, wie der Überzeugung – wie viele glauben überzeugt zu seyn, und sind es nicht. Nur vom *Wahren* kann man wahrhaft überzeugt seyn – nur das Liebe kann man wahrhaft lieben. (II, 545)

Liebe ist ein Product der Wechselreitzung 2er Individuen –
daher mystisch und universell, und unendlich *ausbildsam*,
wie das individuelle Princip selbst. (II, 555)

Alle geistige Berührung gleicht der Berührung eines Zauber-
stabs. Alles kann zum Zauberwerckzeug werden. Wem aber
die Wirckungen einer solchen Berührung so fabelhaft, wem
die Wirckungen eines Zauberspruchs so wunderbar vor-
kommen, der erinnre sich doch nur an die erste Berührung
der Hand seiner Geliebten, an ihren ersten, bedeutenden
Blick, wo der Zauberstab der abgebrochne Lichtstrahl ist,
an den ersten Kuß, an das erste Wort der Liebe, – und frage
sich, ob der Bann und Zauber dieser Momente nicht auch
fabelhaft und wundersam, unauflöslich und ewig ist?

(II, 565)

Thätige *Liebe – herein* und *hineinlieben.*
  Sthenische – Asthenische Liebe.
  Vollkommene Liebe. (II, 587)

Der Liebe gehts, wie der Phil[osophie] – sie ist und soll allen – Alles und jedes seyn. Liebe ist also das Ich – das Ideal
jeder Bestrebung. (III, 432)

Sthenie (Stärke) und Asthenie (Schwäche) sind Begriffe aus der Krankheits-
lehre des schottischen Arztes John Brown (vgl. S. 67 f.).

Man verfehlt die Natur der Liebe ganz, wenn man geradezu sich Liebe zur einzigen Beschäftigung wählt – aber wie, wenn alle directe Zwecke gleichsam Mittel für diesen indirecten Zweck werden, der sie alle in Einen Punct vereinigt? der die höhere Einheit aller dieser niedern Einheiten ist? Wenn man die Summe aller directen Zwecke Bildung nennt, so könnte man sagen, der Geist dieser Gesammtheit, der Schlüssel der Bildung – der Sinn dieses großen Gegenstands ist *Liebe.*

Ohne Gegenstand kein Geist – ohne Bildung keine Liebe. Bildung ist gleichsam der feste Punct, durch welchen diese geistige Anziehungskraft sich offenbart – das nothwendige Organ derselben [...].   (IV, 245)

5. »Das irrdische Paradies«

Mit der Fragmentsammlung *Blüthenstaub* im *Athenaeum* der Brüder Schlegel trat Friedrich von Hardenberg Ostern 1798 zum erstenmal als »Novalis« an die Öffentlichkeit. Im Sommer folgten dann in den *Jahrbüchern der Preußischen Monarchie* mit gleicher Signatur »Politische Aphorismen« unter dem Titel *Glauben und Liebe* – beides gewichtige biblische Begriffe, die manche Leser in politischem Kontext profaniert sehen mochten. Insbesondere riefen Novalis' Gedanken Unverständnis und Unwillen bei dem preußischen Monarchen hervor, der sich angesprochen fühlte, denn von ihm und seiner Königin Luise war die Rede als der idealen Familie, die das Modell des idealen Staates darstellen sollte. Vielleicht war es wirklich von einem Herrscher im Reiche der Realpolitik zuviel verlangt, einem jungen, von den Ideen neuester Philosophie bewegten Mann in dessen Sphären zu folgen. Denn »daß Könige philosophieren, oder Philosophen Könige würden, ist nicht zu erwarten, aber auch nicht zu wünschen; weil der Besitz der Gewalt das freie Urteil der Vernunft unvermeidlich verdirbt«, wie Kant 1795 in seiner Schrift *Zum ewigen Frieden* festgestellt hatte.

Der jugendliche Wunsch, einen Hausstand und eine Familie zu gründen, der Novalis' Liebe zu Sophie von Kühn von Anfang an prägte, wandelte sich nun mit ihrem Tod. Innerste, auf die Person gerichtete Liebe sublimierte sich im Religiösen, das Ideal der Familie aber übertrug Novalis auf den Staat. In beiden Fällen zeigte er sich als Erbe aufklärerischen Denkens. Zusammen mit dem Freund Friedrich Schlegel entwarf er Konzepte des »Romantischen«, das in seinem Kern nichts anderes bedeutete, als daß alles Denken sich auf eine idealere Zukunft, ein »Paradies« zubewegen, also »progressiv« und universell sein sollte. Liebe und Ehe erhielten so eine teleologische Perspektive, die dem Alltag menschlichen Verhaltens neue Werte verlieh. Aber auch für die gegenwärtigen, von Krieg und Revolution durchsetzten politischen Realitäten Europas boten, so hoffte Novalis, Glauben und Liebe Hilfe als Motive des Handelns; sein Essay *Die Christenheit oder Europa* von 1799, aus dem die letzte hier wiedergegebene Aufzeichnung stammt, wuchs aus der Verbindung von persönlicher Erfahrung, Analyse der Gegenwart und heilsgeschichtlichen Perspektiven hervor.

Das irrdische Paradies

Wo die Geliebten sind, da schmückt sich bräutlich die
 Erde,
Aber den Frevler verzehrt schneller die himmlische Luft.

(II, 483)

Was man liebt, findet man überall, und sieht überall Ähnlichkeiten. Je größer die Liebe, desto weiter und mannichfaltiger diese ähnliche Welt. Meine Geliebte ist die Abbreviatur des Universums, das Universum die Elongatur meiner Geliebten. Dem Freunde der Wissenschaften bieten sie alle, Blumen und Souvenirs, für seine Geliebte. (II, 485)

Ein dauerhaftes Glück macht nur der rechtliche Mann, und der rechtliche Staat. Was helfen mir alle Reichthümer, wenn sie sich bei mir nur aufhalten, um frische Pferde zu nehmen und schneller ihre Reise um die Welt zurück zu legen? Uneigennützige Liebe im Herzen und ihre Maxime im Kopf, das ist die alleinige, ewige Basis aller wahrhaften, unzertrennlichen Verbindung, und was ist die Staatsverbindung anders, als eine Ehe? (II, 495)

Die folgenden Sätze gehören zu den sogenannten »Politischen Aphorismen«, die Novalis im Gefolge von *Glauben und Liebe* aufgezeichnet hat. Der Begriff »Constitution« wird im doppelten Sinn des Körperlichen wie des Politischen gebraucht, und die Begriffe »Reiz« und »Incitation« (Erregung) stammen aus der zeitgenössischen Medizin (vgl. S. 67 f.).

Alle Reize sind relativ – sind Größen – bis auf Einen, der ist absolut – und mehr als Größe. [...]

Die vollkommenste Constitution entsteht durch Incitation und absolute Verbindung mit diesem Reize. Durch ihn kann sie alle übrige entbehren. [...] Dieser Reiz ist – *absolute Liebe*.

Jede Verbesserung unvollkommener Constitutionen läuft darauf hinaus, daß man sie der Liebe fähiger macht.

(II, 500)

Was fehlt einem, wenn man brave, rechtliche Eltern, achtungs und liebenswerthe Freunde, geistvolle und mannichfache Bekannten, einen unbescholtnen Ruf, eine gefällige Gestalt, convenzionelle Lebensart, einen meistens gesunden Körper, angemessene Beschäftigungen, angenehme und nüzliche Fertigkeiten, eine heitere Seele, ein mäßiges Auskommen, mannichfaltige Schönheiten der Natur und Kunst um sich her, ein im Ganzen zufriedenes Gewissen – und entweder die Liebe, die Welt und das Familienleben noch vor sich – oder die Liebe neben sich, die Welt hinter sich, und eine gutgerathene Familie um sich hat – ich dächte dort nichts, als fleißiger Muth und geduldiges Vertrauen – hier nichts – als Glauben und ein freundlicher Tod.   (II, 542)

Veredelung der Leidenschaft – durch Anwendung derselben, als Mittel, durch *freywillige* Beybehaltung derselben, als Vehikels einer schönen Idee z. B. eines innigen Verhältnisses mit einem Geliebten Ich.

Zorn etc. sind Unarten, Ungezogenheiten – Fehler des sittlichen, ächtmenschlichen *Anstandes*.   (II, 570)

Das gewöhnliche Leben ist ein Priesterdienst – fast, wie der Vestalische. Wir sind mit nichts, als mit der Erhaltung einer heiligen und geheimnißvollen Flamme beschäftigt – einer doppelten, wie es scheint. Es hängt von uns ab wie wir sie pflegen und warten. Sollte die Art ihrer Pflege vielleicht der Maaßstab unsrer Treue, Liebe, und Sorgfalt für das Höchste – der Caracter unsers Wesens seyn? Berufstreue? symbolisches Zeichen unsrer Religiositaet – d.ist unsers Wesens?

(Feueranbeter.)   (II, 608)

Die Ehe ist für die Politik, was der Hebel für die Maschinenlehre. Der Staat besteht nicht aus einzelnen Menschen, sondern aus Paaren und Gesellschaften. Die Stände der Ehe sind die Ständes des Staats – Frau und Mann. Die Frau ist der sog[enannte] *ungebildete* Theil.

Es giebt ein Ideal dieses *Stands* – Rousseau sah es ausschließend in seiner Apologie des Naturmenschen. Rousseaus *Philosophémen* sind überhaupt weibliche Philosophie oder Theorie der Weiblichkeit – Ansichten aus dem weiblichen Gesichtspuncte. Jezt ist die Frau Sklavin geworden.

(III, 470 f.)

Eine Ehe ist ein politisches Epigramm. Epigramm ist nur ein elementarischer poetischer Ausdruck – poëtisches Element – primitives Poëm.

(II, 589)

Sollte es nicht Ein absolutes Bedürfniß geben – das geraden Ausschluß der Übrigen möglich machte – Liebe, Gesammtleben mit geliebten Personen?

(II, 591)

Jede unrechte Handlung, jede unwürdige Empfindung ist eine Untreue gegen die Geliebte – ein *Ehebruch*.

(III, 565)

Eheleute müssen sich von selbst allen öffentlichen Geschäften – den *Studien der Association* – widmen.

(III, 572)

Die Ehe bezeichnet eine neue, höhere Epoke der Liebe – die Gesellige – die Zwangs Liebe – die lebendige Liebe. Die *Philosophie entsteht mit der Ehe.

(III, 573)

Durch das *Eigenthum* wird der *Besitz* veredelt, wie durch die Ehe der Körperliche Genuß.

(III, 574)

Mit Recht können manche Weiber sagen, daß sie ihren Gatten in die Arme *sinken* – Wohl denen, die ihren Geliebten in die Arme *steigen*.

(III, 590)

Die Ehe ist das höchste Geheimniß. Die Ehe ist bei uns ein popularisirtes Geheimniß. Schlimm, daß bei uns nur die Wahl zwischen Ehe und Einsamkeit ist. Die Extreme sind es – aber wie wenig Menschen sind einer eigentlichen Ehe fähig – wie wenig können auch Einsamkeit ertragen. – Es gibt Verbindungen aller Art. Eine unendliche Verbindung ist die Ehe. – Ist die Frau der Zweck des Mannes und ist die Frau ohne Zweck?   (III, 694)

In seinem Essay *Die Christenheit oder Europa* aus dem Herbst 1799 entwirft Novalis das Bild von einem durch die Regenerierung des christlichen Glaubens geeinten zukünftigen Europa. Die politisch-religiöse Vision aber wird ausgedrückt im Symbol von Liebesvereinigung und Zeugung innerhalb einer heiligen Familie.

In Deutschland [...] kann man schon mit voller Gewißheit die Spuren einer neuen Welt aufzeigen. Deutschland geht einen langsamen aber sichern Gang vor den übrigen europäischen Ländern voraus. [...]

Noch sind alles nur Andeutungen, unzusammenhängend und roh, aber sie verrathen dem historischen Auge eine universelle Individualität, eine neue Geschichte, eine neue Menschheit, die süßeste Umarmung einer jungen überraschten Kirche und eines liebenden Gottes, und das innige Empfängniß eines neuen Messias in ihren tausend Gliedern zugleich. Wer fühlt sich nicht mit süßer Schaam guter Hoffnung? Das Neugeborne wird das Abbild seines Vaters, eine neue goldne Zeit mit dunkeln unendlichen Augen, eine profetische wunderthätige und wundenheilende, tröstende und ewiges Lebens entzündende Zeit sein – eine große Versöhnungszeit, ein Heiland, der wie ein ächter Genius unter den Menschen einheimisch, nur geglaubt, nicht gesehen werden

[kann], und unter zahllosen Gestalten den Gläubigen sichtbar, als Brod und Wein, verzehrt, als Geliebte umarmt, als Luft geathmet, als Wort und Gesang vernommen, und mit himmlischer Wollust, als Tod, unter den höchsten Schmerzen der Liebe, in das Innre des verbrausenden Leibes aufgenommen wird.

(III, 519 f. Aus: Die Christenheit oder Europa)

6. »Sofie, oder über die Frauen«

Im Sommer 1798 hielt sich Novalis längere Zeit zur Kur in Teplitz auf. Dort sind eine Reihe von Aufzeichnungen entstanden, die man später die »Teplitzer Fragmente« genannt hat. »Die Frauen, die xstliche Religion und das gewöhnliche Leben« seien die »Centralmonaden« seiner »Meditation« schrieb er am 20. Juli aus Böhmen an Friedrich Schlegel. Insbesondere die Lektüre der französisch geschriebenen Schriften des belgischen, in österreichischen Diensten stehenden Fürsten Charles Joseph von Ligne, die 1795 in Dresden erschienen waren, regte ihn zu manchen Reflexionen über die psychologischen Besonderheiten der Frauen in Verbindung mit ihrer sozialen Rolle an. »Sofie, oder über die Frauen« lautet eine für sich stehende Notiz in den »Teplitzer Fragmenten«, die wie die Überschrift zu einer neuen Fragmentsammlung klingt. Bei Sophie von Kühn hatte denn auch in der Tat Novalis' Nachdenken über die Rolle der Frauen begonnen: die erste hier wiedergegebene Aufzeichnung steht mitten in »Klarisse«, seinem Charakterbild der Braut aus dem Jahre 1796 (S. 34).

Krankheit – eigene und fremde – gehörte zu den wesentlichsten Erfahrungstatsachen von Novalis' kurzem Leben. Das Interesse für die Medizin, insbesondere die dialektische Krankheitslehre des schottischen Arztes John Brown, ließe sich allein schon daraus erklären. Aber dessen Theorie wurde ihm zugleich ein wichtiges Instrument seines Denkens überhaupt, etwa bei der Interpretation der Geschlechterrollen. Nach Brown erhält der Mensch bei seiner Geburt eine gewisse Menge Erregbarkeit, die auf erregende Potenzen, also Reize, reagiert und »Erregung« produziert, auf der das ganze Leben beruht. Zu geringe Erregung ruft den Zustand der »Asthenie«, der Schwäche, hervor, zu starke den der »Sthenie«. Gesundheit bezeichnet das Gleichgewicht zwischen beiden, Krankheit dessen Mangel nach der einen oder anderen Seite.

Novalis' Gedanken über die Frauen reflektieren – wie könnte es anders sein? – diejenigen eines Mannes seiner Zeit, und die Frauen sieht er als Wesen aus seiner eigenen gesellschaftlichen Sphäre. Auch das konnte nicht anders sein. Nur muß man diese Sphäre trotz aller fortbestehenden Standesprivilegien als eine im weitesten Sinne bürgerliche Welt verstehen, der er sich als Intellektueller zugehörig fühlte. Von auf Unterscheidung bedachtem Adelsbewußtsein findet sich nichts bei ihm. Überdies gehörten zu seinem engsten Freundeskreis in Jena Dorothea Veit, damals bereits Lebenspartnerin Friedrich Schlegels, und Caroline Schlegel, die gerade im Begriffe war, sich in Schelling zu verlieben. Es waren Frauen von ebenso hohem intellektuellem Rang wie großer Freiheit und Selbständigkeit, ja Emanzipiertheit. Ohne das, was sie darstellten, dachten und sprachen, sind Novalis' Überlegungen zu Liebe und den Frauen nicht denkbar.

Etwas über die Weite seiner Vorstellungen von Liebe mag auch die Bemerkung andeuten, daß man Männern »absolut anhänglich seyn« könne, »so gut wie Frauen«, solange man ihn nur nicht gleich als Vorkämpfer der Homosexualität bezeichnet. Stets jedoch war er zu Entdeckungsreisen in unerforschte Territorien der Gefühle und Gedanken bereit.

Aufzeichnung 1796

Ungeheure Verstellungsgabe, Verbergungsgabe der Weiber überhaupt. Ihr feiner Bemerkungsgeist. Ihr richtiger Takt. / Alle Weiber haben das, was Schlegel an d[er] schönen Seele tadelt. / Sie sind vollendeter, als wir. *Freyer*, als wir. Gewönlich sind wir besser. Sie *erkennen* besser, als wir – Ihre Natur scheint unsre Kunst – unsre Natur ihre Kunst zu seyn. Sie sind geborne Künstlerinnen. / Sie individualisiren, wir universalisiren. (IV, 25)

Aufzeichnungen 1798

Die Foderung die gegenwärtige Welt für die Beste, und die absol[ut] Meine anzunehmen ist ganz der gleich, meine mir angetraute Frau für die *Beste* und Einzige zu halten und ganz für Sie, und in ihr zu leben. Es giebt noch sehr viel ähnliche Foderungen und Ansprüche – deren Anerkennung derjenige zur Pflicht macht – der einen für immer entschiednen Respect für alles, *was geschehn ist*, hat – der *historisch Religioes* ist – der Absolute Gläubige und Mystiker der Geschichte überhaupt – der ächte *Liebhaber* des Schicksals. Das Fatum ist die mystificirte Geschichte.

Jede willkührl[iche] Liebe in der bekannten Bedeutung ist eine Religion – die nur Einen Apostel, Evangelisten und Anhänger hat und haben – und Wechselreligion seyn kann – aber nicht zu seyn braucht.

Wo der Gegenstand die Eifersucht seiner Natur nach, ausschließt – so ist es die christliche Relig[ion] – die kristliche Liebe. (II, 597 f.)

Die eingezogene Erziehung der Mädchen ist für häusliches Leben und Glück darum so vortheilhaft, weil der Mann, mit dem sie nachher in die nächste Verbindung treten, einen desto tiefern und einzigen Eindruck auf sie macht, welches zur Ehe unentbehrlich ist – Der Erste Eindruck ist der Mächtigste und treuste, der immer wiederkommt, wenn er auch eine Zeitlang verwischt scheinen kann.

(II, 600)

Les Femmes sind um deswillen der Pol um den sich die Existenz und La Philosophie der Vornehm-Klugen dreht, weil sie zugleich Körper und Seele afficiren. Auch Sie lieben die Ungetheiltheit – und setzen einen unumschränckten Werth auf diesen gemischten Genuß – dieser Geschmack geht auf alles über – das Bett soll weich – und die Form und Stickerey hübsch – das Essen delicat, aber auch animirend seyn und so durchaus.

An den Femmes reibt sich auch ihr schreibender Verstand gern, drum haben sie soviel darüber geschrieben.

Jeder sieht überall sein Bild – daher findet die Eitelkeit alles eitel.

Nichts ist *treffender,* als das Bild des Zustandes, zu welchen La philosophie du monde führt, welches unabsichtlich und wahrhaft naïv die consommirten, und consumirten Weltleute von sich und ihrer Denkungsart in ihren Schriften und Reden aufstellen. Tröstlich und anlockend wahrhaftig

Les Femmes = *gemeint sind die Damen der vornehmen Gesellschaft.*
La philosophie du monde = *also die der »Vornehm-Klugen«, die Modephilosophie.*
consommirten, und consumirten = wohl: *die verbrauchten und [von anderen] verzehrten.*

nicht – ein an Unannehmlichkeit dreyfach verstärktes Alter – so wie gegentheils die Jugend auch dreymal gepfeffert war.

La vraie philosophie gehört zu der passiven Wissenschaft des Lebens – Sie ist *eine natürliche antithetische Wirckung* dieses Lebelebens – aber kein freyes Produkt unsrer magischen Erfindungskraft.

Auch im Schlimmen giebts eine Progression. Wenn man sich gehn läßt, so entsteht allmälich ein Ungeheuer in seiner Art. So in Brutalitaet, in Grausamkeit, Wollust, Frömmeley etc.   (II, 603)

Les Femmes sind Muster der zärtlichsten, weiblichsten Konstitution – *höchste Asthenieen* – mit einem Minimum von Vernunft. So werden sie sehr begreiflich. Annihilantinnen der Vernunft.

Über die *Mode*. Sollte der höchste Reitz für einen Astheniker eine Asthenische seyn? und umgek[ehrt]. (II, 604 f.)

Dürfte es wohl eine Dame geben, die sich aus ächter Liebe zum Putz – aus uneigennützigen Geschmack gut anzöge?
                                                        (II, 605)

Auch Männern kann man absolut anhänglich seyn – so gut wie Frauen.

/ein offner, edler Karacter – überall sichtbar./ (II, 606)

La vraie philosophie = *die wahre Philosophie.*
Asthenieen = *vgl. dazu S. 67 f.*

Das Herz ist der Schlüssel der Welt und des Lebens. Man lebt in diesem hülflosen Zustande, um zu lieben – und andern verpflichtet zu seyn. Durch Unvollkommenheit wird man der Einwirckung *andrer* fähig – und diese fremde Einwirckung ist der Zweck. In *Kranckheiten sollen* und *können* uns nur *andre* helfen. So ist Xstus, von diesem *Gesichtspunct* aus, allerdings der *Schlüssel der Welt.*　(II, 606)

Ein gemeinschaftlicher Schiffbruch etc. ist eine Trauung der Freundschaft oder der Liebe.　(II, 607)

Das Postulat des weiblichen Mystizism ist gäng und gäbe. Alles fodert von den Frauen unbedingte Liebe zum ersten, besten Gegenstande. Welche hohe Meynung von der freyen Gewalt und Selbstschöpfungskraft ihres Geistes sezt dies nicht voraus.　(II, 610f.)

Frauen – Kinder – Esprit des *Baggatelles.* Art der *Conversation* mit ihnen. Die Muster der gewöhnlichen Weiblichkeit empfinden die Grenzen der jedesmaligen Existenz sehr genau – und hüten sich *gewissenhaft* dieselben zu überschreiten – daher *ihre* gerühmte *Gewöhnlichkeit* – *practische Weltleute.* Sie mögen selbst übertriebne Feinheiten, Delicatessen, Wahrheiten, Tugenden, Neigungen nicht leiden – Sie lieben Abwechselung des Gemeinen – Neuheit des Gewöhnlichen – keine neuen Ideen, aber neue Kleider – Einförmigkeit im Ganzen – oberflächliche Reitze. Sie lieben den Tanz

Esprit des *Baggatelles* = *der Esprit, das Geistvolle im Kleinen, Alltäglichen.*

vorzüglich wegen seiner *Leichtigkeit*, Eitelkeit und Sinn-
lichkeit. Zu guter Witz ist ihnen fatal – so wie alles Schöne,
Große und Edle. Mittelmäßige und selbst schlechte Lectüre,
Acteurs, Stücke etc. das ist ihre Sache.

(II, 613)

Bloße Gedanken, ohne eine gewisse Aufmercksamkeit auf
dieselben, und Zueignung, wircken so wenig, wie *bloße*
Gegenstände. Dadurch, daß man häufig an reitzende Gegenstände eines Sinnes wircksam denckt, wird dieser Sinn
geschärft – er wird reitzbarer. So wenn man häufig an lüsterne Dinge denckt, werden die G[e]S[chlechts]T[heile]
empfänglicher – der Magen durch Gedancken an schmack-
hafte Speisen – der Kopf auf dieselbe Art und so durchaus.

Methode eine schwächliche Constitution zu verbessern.
(Übung, allmäliche.)

(II, 614)

Liebe ohne *Eifersucht* ist nicht *persönliche* Liebe,⟨ – directe
Liebe, sondern indirecte Liebe ⟩ – man kann Vernunftliebe
sagen – denn man liebt hier nicht, als Person, *sondern als*
Glied der Menschheit – Man liebt die Rivale mehr, wie den
Gegenstand.

(II, 615)

Sollte nicht für die Superioritaet der Frauen der Umstand
sprechen, daß die Extreme ihrer Bildung viel frappanter
sind, als die Unsrigen. Der verworfenste Kerl ist vom treff-

lichsten Mann nicht so verschieden, als das elende Weibs-
stück von einer edlen Frau. Nicht auch der, daß man sehr
viel Gutes über die Männer, aber noch nichts Gutes über die
Weiber gesagt findet.   (II, 616 f.)

Haben sie nicht die Aehnlichkeit mit dem Unendlichen, daß
sie sich nicht quadriren, sondern nur durch Annäherung
finden lassen? Und mit dem Höchsten, daß sie uns absolut
nah sind, und doch immer gesucht – daß sie abs[olut] verständlich sind und doch nicht verstanden, daß sie abs[olut]
unentbehrlich sind, und doch meistens entbehrt werden,
und mit höhern Wesen, daß sie so kindlich, so gewöhnlich,
so müßig und so spielend erscheinen?   (II, 617)

Auch ihre größere Hülflosigkeit erhebt sie über uns – so wie
ihre größere Selbstbehülflichkeit – ihr größeres Sklaven-
und ihr größeres Despotentalent – und so sind sie durchaus
über uns und unter uns und dabey doch zusammenhängen-
der und untheilbarer, als wir.   (II, 617)

Würden wir sie auch lieben, wenn dies nicht so wäre. Mit
den Frauen ist die Liebe, und mit der Liebe die Frauen entstanden – und darum versteht man keins ohne das Andre.
Wer die Frauen ohne Liebe, und die Liebe ohne Frauen finden will, dem gehts, wie den Philosophen, die den Trieb
ohne das Object, und das Object ohne den Trieb betrachte-
ten – und nicht beyde im Begriff der Action zugleich sahen.
                                                       (II, 617)

Ihr *Zirkel*. Was noch nicht a leur portée ist, ist noch nicht *reif*. Ihre Beschäftigungen. Was sie jedem Alter sind. Ihre Erziehung. Sie sind, wie die vornehmen Roemer, nicht zum Verfertigen, sondern zum Genuß der Resultate da – Zum Ausüben – nicht zum Versuchen.

Chevalerie. Ihr *Bau* – ihre Schönheit.

Sie sind ein liebliches Geheimniß – nur verhüllt – nicht verschlossen. Auf ähnliche Weise reitzen die phil[osophischen] Mysterien. Hetairie. Ihre Seelenkräfte. Blicke auf die Zukunft. Der Act der Umarmung. Die griechischen Göttinnen. Madonna. Jedes Volk, jede Zeit hat ihren Lieblings Frauenkaracter. Die Frauen in der Poësie. Geliebt zu seyn ist ihnen urwesentlich. Über die weiblichen Jahrszeiten. Frauen und Liebe trennt nur der Verstand.   (II, 617 f.)

Das schöne Geheimniß der Jungfrau, was sie eben so unaussprechlich anziehend macht, ist das Vorgefühl der Mutterschaft – die Ahndung einer künftigen Welt, die in ihr schlummert, und sich aus ihr entwickeln soll. Sie ist das treffendste Ebenbild der Zukunft.   (II, 618)

Aufzeichnungen 1799-1800

Ewige Jungfrau ist nichts, als *ewiges*, *weibliches Kind*. Was entspricht der Jungfrau bey uns Männern. Ein Mädchen, die nicht mehr wahrhaftes *Kind* ist, ist nicht mehr Jungfrau. (Nicht alle Kinder sind Kinder.)   (III, 281)

a leur portée = *für sie verständlich*

Der Samen ist ein Nahrungs und Reitzungsmittel des Weibes zum Ersatz für die Menstrua. Im eigentlichsten Sinn lebt also der Mann für die Frau *mit*.

Sollte die Frau *sensibler*, der Mann *reizbarer* seyn.

(III, 319)

Die Frauen wissen nichts von Verhältnissen der Gemeinschaft – Nur durch ihren Mann hängen sie mit Staat, Kirche, Publikum etc. zusammen. Sie leben im eigentlichen Naturstande. (III, 568)

Pflanzenaehnlichkeit der Weiber. Dichtungen auf diese Idee. (Blumen sind Gefäße) [...] (III, 651)

7. »Nie sättigt die Liebe sich«

Auch die folgenden Aufzeichnungen aus dem Jahre 1798 gehören zu den »Teplitzer Fragmenten«; »die Frauen, die xstliche Religion und das gewöhnliche Leben« sind hier ebenfalls »Centralmonaden«. Nur sind in diesen oft fragenden Bemerkungen alle drei Themen von einer geradezu provokativen Sinnlichkeit durchtränkt. Denn aus Gedanken über das Essen entwickeln sich solche über die Vereinigung mit Anderem. Von da ist es nur noch ein kurzer Schritt auf das Liebeslager, ebenso jedoch zum christlichen Abendmahl.

Aus der Teplitzer Zeit dürfte auch die *Hymne* stammen, die zuerst von Friedrich Schlegel und Ludwig Tieck in der Ausgabe von Novalis' nachgelassenen Schriften gedruckt wurde, und zwar im Anschluß an die *Geistlichen Lieder*, obwohl sie kaum in den Zusammenhang des christlichen Gemeindegesangs gehört. Ihr liegt zwar die Darstellung des Abendmahls im Johannes-Evangelium (»Wer mein Fleisch isset, und trinket mein Blut, der bleibt in mir, und Ich in ihm« – 6,56) zugrunde, aber Vorstellungen aus der »Offenbarung des Johannes« und ganz eigene mischen sich darunter. Das Gedicht erscheint geradezu als eine poetische Antwort auf die von Novalis gestellte Frage, ob die – sexuelle – »Umarmung nicht etwas dem Abendmahl Ähnliches« sei.

Noch 1798 begann Novalis mit seinem *Allgemeinen Brouillon*, der großen Materialsammlung aus allen Bereichen des Wissens und Denkens, mit dem er zu einer neuen Form von Enzyklopädie gelangen wollte, deren Sinn nicht Akkumulation, sondern ein neues, erweitertes Lebens- und

Weltverständnis sein sollte, das aus dem wechselseitigen Bezug alles Wissens und aller Erkenntnisse hervorging. Aus ihm stammen – mit Ausnahme der letzten Notiz – die Aufzeichnungen 1798 – 1800. Bemerkbar wird dabei, daß die vielfältige Bedeutung und universale Deutung des Eros aus physiologischer, psychologischer, philosophischer und ethischer Perspektive immer stärker in den Mittelpunkt seines Interesses rückte und zum Beispiel mit dem Bezug auf Päderastie und Notzucht manchmal zu äußerst provokativen Kombinationen geführt hat, auf die im Nachwort eingegangen werden soll. Novalis hat die Gedanken des *Brouillons* teilweise nachträglich mit klassifizierenden Überschriften versehen, die hier weggelassen wurden, weil sie nur von der Konzeption des gesamten Werkes her verständlich sind.

Thetische Bearbeitung des neuen T[estaments] oder der kristlichen Relig[ion].

Ist die Umarmung nicht etwas dem Abendmahl Ähnliches. Mehr über das Abendmahl. (II, 596)

Das Essen ist nur ein accentuirtes Leben. Essen – Trinken – und Athmen entspricht der dreyfachen Abtheilung der Körper in Feste, Flüssige und luftige. Der ganze Körper athmet – nur die Lippen essen und trinken – gerade das Organ, was in mannichfachen Tönen das wieder aussondert, was der Geist bereitet und durch die übrigen Sinne empfangen hat. Die Lippen sind für die Geselligkeit so viel, wie sehr verdienen sie den Kuß. Jede sanfte weiche Erhöhung ist ein symbolischer Wunsch der Berührung. So ladet uns alles in der Natur figürlich und bescheiden zu seinem Genuß ein – und so dürfte die ganze Natur wohl weiblich, Jungfrau und Mutter zugleich seyn. (II, 618)

Das gemeinschaftliche Essen ist eine sinnbildliche Handlung der Vereinigung. Alle Vereinigungen außer der Ehe sind bestimmt gerichtete, durch ein Object bestimmte, und gegenseitig dasselbe bestimmende Handlungen. Die Ehe hingegen ist eine unabhängige, Totalvereinigung. Alles Genießen, zueignen, und assimiliren ist Essen, oder Essen ist vielmehr nichts, als eine Zueignung. Alles Geistige Genießen kann daher durch Essen ausgedrückt werden –. In der Freundschaft ißt man in der That von seinem Freunde, oder lebt von ihm. Es ist ein ächter Trope den Körper für den

Geist zu substituiren – und bey einem Gedächtnißmahle eines Freundes in jedem Bissen mit kühner, übersinnlicher Einbildungskraft, sein Fleisch, und in jedem Trunke sein Blut zu genießen. Dem weichlichen Geschmack unserer Zeiten kommt dis freylich ganz barbarisch vor – aber wer heißt sie gleich an rohes, verwesliches Blut und Fleisch zu denken. Die körperliche Aneignung ist geheimnißvoll genug, um ein schönes Bild der Geistigen *Meinung* zu seyn – und sind denn Blut und Fleisch in der That etwas so widriges und unedles? Warlich hier ist mehr, als Gold und Diamant und die Zeit ist nicht mehr fern, wo man höhere Begriffe vom organischen Körper haben wird.

Wer weiß welches erhabene Symbol das Blut ist? Gerade das Widrige der organischen Bestandtheile läßt auf etwas sehr Erhabenes in ihnen schließen. Wir schaudern vor ihnen, wie vor Gespenstern, und ahnden mit kindlichen Graußen in diesem sonderbaren Gemisch eine geheimnißvolle Welt, die eine alte Bekanntinn seyn dürfte.

Um aber auf das Gedächtnißmal zurück zu kommen – ließe sich nicht denken, daß unser Freund jezt ein Wesen wäre, dessen Fleisch Brodt, und dessen Blut Wein seyn könnte?

So genießen wir den Genius der Natur alle Tage und so wird jedes Mahl zum Gedächtnißmahl – zum Seelennährenden, wie zum Körpererhaltenden Mal – zum geheimnißvollen Mittel einer Verklärung und Vergötterung auf Erden – eines belebenden Umgangs mit dem Absolut Lebendigen. Den Namenlosen genießen wir im Schlummer – Wir erwachen, wie das Kind am mütterlichen Busen und erkennen, wie jede Erquickung und Stärckung uns aus Gunst und Liebe zukam, und Luft, Trank, und Speise Bestandtheile einer unaussprechlichen lieben Person sind.   (II, 620 f.)

Hymne

Wenige wissen
Das Geheimniß der Liebe,
Fühlen Unersättlichkeit
Und ewigen Durst.
Des Abendmahls
Göttliche Bedeutung
Ist den irdischen Sinnen Räthsel;
Aber wer jemals
Von heißen, geliebten Lippen
Athem des Lebens sog,
Wem heilige Gluth
In zitternde Wellen das Herz schmolz,
Wem das Auge aufging,
Daß er des Himmels
Unergründliche Tiefe maß,
Wird essen von seinem Leibe
Und trinken von seinem Blute
Ewiglich.

Wer hat des irdischen Leibes
Hohen Sinn errathen?
Wer kann sagen,
Daß er das Blut versteht?
Einst ist alles Leib,
Ein Leib,
In himmlischem Blute
Schwimmt das selige Paar. –

O! daß das Weltmeer
Schon erröthete,

Und in duftiges Fleisch
Aufquölle der Fels!
Nie endet das süße Mahl,
Nie sättigt die Liebe sich.
Nicht innig, nicht eigen genug
Kann sie haben den Geliebten.
Von immer zärteren Lippen
Verwandelt wird das Genossene
Inniglicher und näher.
Heißere Wollust
Durchbebt die Seele.
Durstiger und hungriger
Wird das Herz:
Und so währet der Liebe Genuß
Von Ewigkeit zu Ewigkeit.
Hätten die Nüchternen
Einmal gekostet,
Alles verließen sie,
Und setzten sich zu uns
An den Tisch der Sehnsucht,
Der nie leer wird.
Sie erkannten der Liebe
Unendliche Fülle,
Und priesen die Nahrung
Von Leib und Blut.

(I, 166 ff.)

Aufzeichnungen 1798-1800

Die folgende Notiz ist eine Randbemerkung zu Gedanken Friedrich Schlegels über »Animalität«, Vegetabilisches und Mineralisches in dessen Notizen *Zur Physik* (1798).

Ansicht der Regressiven Natur – von Thier zu Pflanze – und so bis zum *Mineral* – als dem Höchsten.

Die weibliche Periode scheint sehr *vegetabilisch*. (Der Saft tritt in die Pflanzen)

(Zu der Schl[egelschen] Ansicht könnte man das noch hinzufügen – daß die Kräuterfressenden Thiere den *Philogynen* und die Fleischfressenden den *Paederasten* zu vergleichen wären. Umarmen ist Genießen – Fressen. Ein Weib ist, wie der unsterbliche Eber in Walhalla, alle Tage wieder Speisefähig.) (III, 87 f.)

Je lebhafter das zu Fressende widersteht, desto lebhafter wird die Flamme des Genußmoments seyn. Anwendung aufs Oxigène. / Nothzucht ist der stärkste Genuß./ Das Weib ist unser Oxigène –. / [...]

Wir fressen die Pflanze, und sie gedeihen in unserm Moder. Was uns das Fressen ist, das ist den Pflanzen die Befruchtung. *Empfangen* ist das weibliche Genießen – Verzehren das Männliche. (Ein Säufer ist einer liederlichen Frau zu vergleichen.) Das Befruchten ist die Folge des Essens – es ist die umgek[ehrte] Operation – dem Befruchten steht das *Gebären*, wie dem Essen, das Empfangen entgegen./ Der Mann

Philogynen = *die »Frauenfreunde«, also Heterosexuellen, im Gegensatz zu den Päderasten.*
der unsterbliche Eber = *der Eber Saehrimnir in der Lieder-Edda.*

83

ist gewissermaaßen auch Weib, so wie Weib Mann – entsteht etwa hieraus die verschiedne Schamhaftigkeit?

(III, 262)

Vorstellung der Gottheit, als eines Verzehrenden und *befruchtenden Wesens*. [...] Nonnen. Bey Mönchen hat Onanie und Paederastie daraus entstehn müssen.   (III, 262)

Das Leben der Pflanzen ist gegen das Leben der Thiere gehalten – ein unaufhörliches Empfangen und Gebären – und lezteres gegen dieses – ein unaufhörliches Essen und Befruchten.

Wie das *Weib* das *höchste sichtbare* Nahrungsmittel ist, das den *Übergang vom Körper zur Seele* macht – So sind auch die Geschlechtstheile die höchsten, *äußern* Organe, die den Übergang von sichtbaren und unsichtbaren Organen machen.

Der *Blick* – (die Rede) – die *Händeberührung – der Kuß – die Busenberührung – der Grif an die Geschlechtstheile –* der Act der Umarmung – dis sind die Staffeln der Leiter – auf der die Seele heruntersteigt – dieser entgegengesezt ist eine Leiter – auf der der Körper heraufsteigt – bis zur Umarmung. *Witterung – Beschnüffelung – Act.* Vorbereitung der Seele und d[es] K[örpers] zur Erwachung des Geschlechtstriebes.

Seele und K[örper] *berühren sich* im Act. – *chemisch* – oder galvanisch – oder electrisch – oder *feurig* – Die Seele ißt den K[örper] (und verdaut ihn?) *instantant* – der Körper empfängt die Seele – (und gebiert sie?) instantant.

(III, 264)

Sprechen und Hören ist Befruchten und Empfangen./ *Scham* – Scheu vor Kundwerdung – / symbolisch religioese Mimick – Sittenmimik – Grüßen etc. Was bedeutet z. B. Enthüllung?

Synth[esis] v[on] Mann und Weib. Grund der Gastfreundschaft der Alten – *Abendmahl* – Gemeinschaftliches Essen und trinken ist eine Art *Vereinigung* – ein generationsact. (III, 273)

Der Gelehrte weiß das Fremde sich zuzueignen und das Eigne fremd zu machen. (Lernen und Lehren – Beobachten und Darstellen – Essen und absondern.)

Höheres Streben nach höherer Originalitaet – Auch in der gelehrten Welt muß man *lieben* und *wählen*, um selbst existiren und sich selbst genießen zu können. (III, 405)

Es ist mit dem geistigen *Genuß*, wie mit dem leiblichen Essen. Es kommt viel auf Magen, Gesundheit, Alter, Zeit, Gewohnheit etc. an. (Beschäftigungen sind Absonderungen, Genuß oder *Ableitungen*) (III, 686)

8. »Offenbarungen der liebenden Natur«

Von Ende 1797 bis Mitte 1799 studierte Friedrich von Hardenberg Naturwissenschaften und Bergbaukunde an der Bergakademie Freiberg. Was in erster Linie als berufliche Qualifikation gedacht war, bot ihm zugleich reichen Stoff für das Projekt seiner Enzyklopädie, also das *Allgemeine Brouillon*. Ebenso profitierte davon insgesamt die Philosophie als »die Seele« seines Lebens; und aus einer Begegnung mit Schelling erwuchsen außerdem vielfältige Anregungen durch dessen Naturphilosophie. Aber neben die theoretische Verarbeitung des Neuen trat bei Novalis in zunehmendem Maße der Wunsch zur dichterischen Gestaltung dessen, was ihn so vielfältig bewegte und beschäftigte. Allein das Medium der Literatur bot schließlich Aussicht darauf, Erfahrungen der Liebe und des Glaubens mit denjenigen solider Sachkenntnisse und philosophischer Spekulation in Übereinstimmung zu bringen und ihnen Ausdruck und Gestalt zu geben.

Aus solcher Absicht begann Novalis 1798 das naturphilosophische Prosawerk *Die Lehrlinge zu Saïs*, das Fragment geblieben ist. Am Isis-Kult und den naturreligiösen Mysterien im ägyptischen Saïs bestand damals verbreitet Interesse. Schillers Gedicht *Das verschleierte Bild zu Sais* gehörte zum Allgemeinbesitz der Gebildeten. Bei Novalis präsentiert ein Chor von Sprechern, fein abgestimmt, verschiedene Ansichten über die Natur. Den Kern bildet ein Märchen, das mehr ist als die Summe von Theorien: es ist das Bild von »einer Philosophie, deren Keim ein erster Kuß ist« (S. 56), also eine zarte Erzählung über die Verschmelzung von Ich und Du, von Selbsterkenntnis in der Liebe und durch sie.

Natur wird von nun an zu einem zentralen Thema für Novalis in Philosophie, Wissenschaft und literarischer Arbeit. Aus seinen Freiberger Studien ist die Bergmannsszene im *Heinrich von Ofterdingen* hervorgegangen als ein poetisches Stück erotischer Geologie oder geologisierter Erotik. Und gegen Ende des ebenfalls unvollendeten Romans läßt er den Arzt Sylvester die »trockene« Natur als einen »grünen, geheimnißvollen Teppich der Liebe« preisen. Zweihundert Jahre später hat dieser »Teppich«, also die inzwischen vom Menschen weidlich ausgebeutete und mißhandelte Natur, viele schadhafte Stellen bekommen, aber der Begriff des »Grünen« als Ideal auch eine sehr aktuelle und praktische Bedeutung erhalten. Daß es ausgerechnet die »trockene« Natur sein mußte, geht auf die Theorie des Flüssigen von Hardenbergs Freiberger Lehrer Abraham Gottlob Werner zurück, dem Novalis ein Denkmal in seinem Roman setzte. Davon wird in den folgenden beiden Kapiteln noch die Rede sein.

Einem gelang es – er hob den Schleyer der Göttin zu
    Saïs –
Aber was sah er? Er sah – Wunder des Wunders –
    Sich Selbst.

(I, 403)

[Das Märchen von Hyacinth und Rosenblüthchen]

Der Lehrling hört mit Bangigkeit die sich kreutzenden Stimmen. Es scheint ihm jede Recht zu haben, und eine sonderbare Verwirrung bemächtigt sich seines Gemüths. Allmählig legt sich der innre Aufruhr, und über die dunkeln sich an einander brechenden Wogen scheint ein Geist des Friedens heraufzuschweben, dessen Ankunft sich durch neuen Muth und überschauende Heiterkeit in der Seele des Jünglings ankündigt.

Ein muntrer Gespiele, dem Rosen und Winden die Schläfe zierten, kam herbeigesprungen, und sah ihn in sich gesenkt sitzen. Du Grübler, rief er, bist auf ganz verkehrtem Wege. So wirst du keine großen Fortschritte machen. Das Beste ist überall die Stimmung. Ist das wohl eine Stimmung der Natur? Du bist noch jung und fühlst du nicht das Gebot der Jugend in allen Adern? nicht Liebe und Sehnsucht deine Brust erfüllen? Wie kannst du nur in der Einsamkeit sitzen? Sitzt die Natur einsam? Den Einsamen flieht Freude und Verlangen: und ohne Verlangen, was nützt dir die Natur? Nur unter Menschen wird er einheimisch, der Geist, der sich mit tausend bunten Farben in all deine Sinne drängt, der wie eine unsichtbare Geliebte dich umgiebt. Bey unsern Festen löst sich seine Zunge, er sitzt obenan und stimmt Lieder des fröhlichsten Lebens an. Du hast noch nicht geliebt, du Armer; beim ersten Kuß wird eine neue Welt dir aufgethan, mit ihm fährt Leben in tausend Strahlen in dein entzücktes Herz. Ein Mährchen will ich dir erzählen, horche wohl.

Vor langen Zeiten lebte weit gegen Abend ein blutjunger Mensch. Er war sehr gut, aber auch über die Maaßen wunderlich. Er grämte sich unaufhörlich um nichts und wieder nichts, ging immer still für sich hin, setzte sich einsam, wenn die Andern spielten und fröhlich waren, und hing seltsamen Dingen nach. Höhlen und Wälder waren sein liebster Aufenthalt, und dann sprach er immer fort mit Thieren und Vögeln, mit Bäumen und Felsen, natürlich kein vernünftiges Wort, lauter närrisches Zeug zum Todtlachen. Er blieb aber immer mürrisch und ernsthaft, ungeachtet sich das Eichhörnchen, die Meerkatze, der Papagay und der Gimpel alle Mühe gaben ihn zu zerstreuen, und ihn auf den richtigen Weg zu weisen. Die Gans erzählte Mährchen, der Bach klimperte eine Ballade dazwischen, ein großer dicker Stein machte lächerliche Bockssprünge, die Rose schlich sich freundlich hinter ihm herum, kroch durch seine Locken, und der Epheu streichelte ihm die sorgenvolle Stirn. Allein der Mißmuth und Ernst waren hartnäckig. Seine Eltern waren sehr betrübt, sie wußten nicht was sie anfangen sollten. Er war gesund und aß, nie hatten sie ihn beleidigt, er war auch bis vor wenig Jahren fröhlich und lustig gewesen, wie keiner; bei allen Spielen voran, von allen Mädchen gern gesehn. Er war recht bildschön, sah aus wie gemahlt, tanzte wie ein Schatz. Unter den Mädchen war Eine, ein köstliches, bildschönes Kind, sah aus wie Wachs, Haare wie goldne Seide, kirschrothe Lippen, wie ein Püppchen gewachsen,

brandrabenschwarze Augen. Wer sie sah, hätte mögen ver-
gehn, so lieblich war sie. Damals war Rosenblüthe, so hieß
sie, dem bildschönen Hyacinth, so hieß er, von Herzen gut,
und er hatte sie lieb zum Sterben. Die andern Kinder wuß-
tens nicht. Ein Veilchen hatte es ihnen zuerst gesagt, die
Hauskätzchen hatten es wohl gemerkt, die Häuser ihrer Eltern lagen nahe beisammen. Wenn nun Hyacinth die Nacht
an seinem Fenster stand und Rosenblüthe an ihrem, und die
Kätzchen auf den Mäusefang da vorbeyliefen, da sahen sie
die Beiden stehn, und lachten und kikkerten oft so laut, daß
sie es hörten und böse wurden. Das Veilchen hatte es der
Erdbeere im Vertrauen gesagt, die sagte es ihrer Freundinn
der Stachelbeere, die ließ nun das Sticheln nicht, wenn Hyacinth gegangen kam; so erfuhrs denn bald der ganze Garten
und der Wald, und wenn Hyacinth ausging, so riefs von
allen Seiten: Rosenblüthchen ist mein Schätzchen! Nun är-
gerte sich Hyacinth, und mußte doch auch wieder aus Her-
zensgrunde lachen, wenn das Eidexchen geschlüpft kam,
sich auf einen warmen Stein setzte, mit dem Schwänzchen
wedelte und sang:

> Rosenblüthchen, das gute Kind,
> Ist geworden auf einmal blind,
> Denkt, die Mutter sey Hyacinth,
> Fällt ihm um den Hals geschwind;
> Merkt sie aber das fremde Gesicht,
> Denkt nur an, da erschrickt sie nicht,
> Fährt, als merkte sie kein Wort,
> Immer nur mit Küssen fort.

Ach! wie bald war die Herrlichkeit vorbey. Es kam ein
Mann aus fremden Landen gegangen, der war erstaunlich

weit gereist, hatte einen langen Bart, tiefe Augen, entsetzliche Augenbrauen, ein wunderliches Kleid mit vielen Falten und seltsame Figuren hineingewebt. Er setzte sich vor das Haus, das Hyacinths Eltern gehörte. Nun war Hyacinth sehr neugierig, und setzte sich zu ihm und hohlte ihm Brod und Wein. Da that er seinen weißen Bart von einander und erzählte bis tief in die Nacht, und Hyacinth wich und wankte nicht, und wurde auch nicht müde zuzuhören. So viel man nachher vernahm, so hat er viel von fremden Ländern, unbekannten Gegenden, von erstaunlich wunderbaren Sachen erzählt, und ist drey Tage dageblieben, und mit Hyacinth in tiefe Schachten hinuntergekrochen. Rosenblüthchen hat genug den alten Hexenmeister verwünscht, denn Hyacinth ist ganz versessen auf seine Gespräche gewesen, und hat sich um nichts bekümmert; kaum daß er ein wenig Speise zu sich genommen. Endlich hat jener sich fortgemacht, doch dem Hyacinth ein Büchelchen dagelassen, das kein Mensch lesen konnte. Dieser hat ihm noch Früchte, Brod und Wein mitgegeben, und ihn weit weg begleitet. Und dann ist er tiefsinnig zurückgekommen, und hat einen ganz neuen Lebenswandel begonnen. Rosenblüthchen hat recht zum Erbarmen um ihn gethan, denn von der Zeit an hat er sich wenig aus ihr gemacht und ist immer für sich geblieben. Nun begab sichs, daß er einmal nach Hause kam und war wie neugeboren. Er fiel seinen Eltern um den Hals, und weinte. Ich muß fort in fremde Lande; sagte er, die alte wunderliche Frau im Walde hat mir erzählt, wie ich gesund werden müßte, das Buch hat sie ins Feuer geworfen, und hat mich getrieben, zu euch zu gehn und euch um euren Segen zu bitten. Vielleicht komme ich bald, vielleicht nie wieder. Grüßt Rosenblüthchen. Ich hätte sie gern gesprochen, ich weiß nicht, wie mir ist, es drängt mich fort; wenn ich an die alten Zeiten zurück denken will, so kommen gleich mächtigere Gedanken dazwischen, die Ruhe ist fort, Herz und Liebe mit, ich muß sie suchen gehn. Ich wollt' euch gern sagen, wohin, ich weiß selbst nicht, dahin wo die Mutter der Dinge wohnt, die verschleyerte Jungfrau. Nach der ist mein Gemüth entzündet. Lebt wohl. Er riß sich los und ging fort. Seine Eltern wehklagten und vergossen Thränen, Rosenblüthchen blieb in ihrer Kammer und weinte bitterlich. Hyacinth lief nun was er konnte, durch Thäler und Wildnisse, über Berge und Ströme, dem geheimnißvollen Lande zu. Er fragte überall nach der heiligen Göttin (Isis) Menschen und Thiere, Felsen und Bäume. Manche lachten manche schwiegen, nirgends erhielt er Bescheid. Im Anfange kam er durch rauhes, wildes Land, Nebel und Wolken warfen sich ihm in den Weg, es stürmte immerfort; dann fand er unabsehliche Sandwüsten, glühenden Staub, und wie er wandelte, so veränderte sich auch sein Gemüth, die Zeit wurde ihm lang und die innre Unruhe legte sich, er wurde sanfter und das gewaltige Treiben in ihm allgemach zu einem leisen, aber starken Zuge, in den sein ganzes Gemüth sich auflöste. Es lag wie viele Jahre hinter ihm. Nun wurde die Gegend auch wieder reicher und mannichfaltiger, die Luft lau und blau, der Weg ebener, grüne Büsche lockten ihn mit anmuthigem Schatten, aber er verstand ihre Sprache nicht, sie schienen auch nicht zu sprechen, und doch erfüllten sie auch sein Herz mit grünen Farben und kühlem, stillem Wesen. Immer höher wuchs jene süße Sehnsucht in ihm, und immer breiter und saftiger wurden die Blätter, immer lauter und lustiger die Vögel und Thiere, balsamischer die Früchte, dunkler der Himmel, wärmer die Luft, und heißer seine Liebe, die Zeit ging immer schneller, als sähe sie sich nahe am Ziele. Eines Tages begegnete er einem krystallnen Quell und einer Menge Blumen, die kamen in ein Thal herunter zwischen schwarzen himmelhohen Säulen. Sie grüßten ihn freundlich mit bekannten Worten. Liebe Landsleute, sagte er, wo find' ich wohl den geheiligten Wohnsitz der Isis? Hier herum muß er seyn, und ihr seid vielleicht hier bekannter, als ich. Wir gehn auch nur hier durch, antworteten die Blumen; eine Geisterfamilie ist auf der Reise und wir bereiten ihr Weg und Quartier, indeß sind wir vor kurzem durch eine Gegend gekommen, da hörten wir ihren Namen nennen. Gehe nur aufwärts, wo wir herkommen, so wirst du schon mehr erfahren. Die Blumen und die Quelle lächelten, wie sie das sagten, boten ihm einen frischen Trunk und gingen weiter. Hyacinth folgte ihrem Rath, frug und frug und kam endlich zu jener längst gesuchten Wohnung, die unter Palmen und andern köstlichen Gewächsen versteckt lag. Sein Herz klopfte in unendlicher Sehnsucht, und die süßeste Bangigkeit durchdrang ihn in dieser Behausung der ewigen Jahreszeiten. Unter himmlischen Wohlgedüften entschlummerte er, weil ihn nur der Traum in das Allerheiligste führen durfte. Wunderlich führte ihn der Traum durch unendliche Gemächer voll seltsamer Sachen auf lauter reitzenden Klängen und in abwechselnden Accorden. Es dünkte ihm alles so bekannt und doch in niegesehener Herrlichkeit, da schwand auch der letzte irdische Anflug, wie in Luft verzehrt, und er stand vor der himmlischen Jungfrau, da hob er den leichten, glänzenden Schleyer, und Rosenblüthchen sank in seine Arme. Eine ferne Musik umgab die Geheimnisse des liebenden Wiedersehns, die Ergießungen der Sehnsucht, und schloß alles Fremde von diesem entzückenden Orte aus. Hyacinth lebte nachher noch lange mit Rosenblüthchen unter seinen frohen Eltern und Gespielen, und unzählige Enkel dankten der alten wunderlichen Frau für ihren Rath und ihr Feuer; denn damals bekamen die Menschen so viel Kinder, als sie wollten.

(I, 91-95. Aus: Die Lehrlinge zu Saïs)

Aufzeichnungen 1798-1799

Der folgende Satz ist eine weitere Randbemerkung zu Friedrich Schlegels *Zur Physik* (vgl. S. 83), und zwar zu dem Satz: »Die wahre Liebe ist nicht eine einzelne Blume die gefunden wird und welkt, sondern ein wunderbares Hervorbringen von großen und kleinen Lebensblumen zu einem Ganzen.«

Die wahre Liebe ist nicht eine einzelne Blume, sondern eine vegetabilische Fabrik.

(III, 88)

Wenn alles Anschießen, Festwerden und Verdichten mit Wärme verbunden – und jede Verflüchtigung – Zerrinnung – und Verdünnung von Kälte begleitet ist, so macht das Lernen und Lieben im eigentlichen Sinne warm und das Müßiggehen und die Absonderung kalt – und es lassen sich überhaupt manche Phaenomène der Seele daraus erklären.

(III, 556)

Eine ganz eigne *Liebe* und *Kindlichkeit* gehört, nebst dem deutlichsten Verstande und dem ruhigsten Sinn, zum Studium der Natur. Wenn erst eine ganze Nation Leidenschaft für die Natur empfäht, und hier ein neues Band unter den Bürgern geknüpft wird, jeder Ort seine Naturforscher und

Laboratorien hat, dann wird man erst Fortschritte auf dieser colossalischen Bahn machen, die mit ihr in Verhältniß stehn. (III, 179)

Ein Kind ist eine sichtbargewordne Liebe.

Wir selbst sind ein sichtbargewordner Keim der *Liebe* zwischen Natur und Geist oder Kunst.

Gott *ist die Liebe.* Die Liebe ist das höchste *Reale* – der Urgrund.

Theorie der Liebe ist die *höchste* W[issenschaft] – die NaturWissenschaft – oder WissenschaftNatur [...].

(III, 253 f.)

Eine wahrhafte *Liebe* zu einer leblosen Sache ist wol gedenkbar – auch zu Pflanzen, Thieren, zur Natur – ja zu sich selbst. Wenn der Mensch erst ein wahrhaft innerliches Du hat – so entsteht ein höchstgeistiger und sinnlicher Umgang und d[ie] heftigste Leidenschaft ist möglich – Genie ist vielleicht nichts, als Resultat eines solchen innern Plurals. Die Geheimnisse dieses Umgangs sind noch sehr unbeleuchtet –

(III, 577)

»Als wär' sie seine Braut«

Auf seiner Reise nach Augsburg kommt Heinrich von Ofterdingen in eine Gegend, wo Bergbau betrieben wird. Dort lernt er einen alten Bergmann kennen, der ihm von seiner Tätigkeit erzählt.

Herr, sagte der Alte, indem er sich zu Heinrichen wandte, und einige Thränen aus den Augen trocknete, der Bergbau muß von Gott gesegnet werden! denn es giebt keine Kunst, die ihre Theilhaber glücklicher und edler machte, die mehr den Glauben an eine himmlische Weisheit und Fügung erweckte, und die Unschuld und Kindlichkeit des Herzens reiner erhielte, als der Bergbau. Arm wird der Bergmann geboren, und arm gehet er wieder dahin. Er begnügt sich zu wissen, wo die metallischen Mächte gefunden werden, und sie zu Tage zu fördern; aber ihr blendender Glanz vermag nichts über sein lautres Herz. Unentzündet von gefährlichem Wahnsinn, freut er sich mehr über ihre wunderlichen Bildungen, und die Seltsamkeiten ihrer Herkunft und ihrer Wohnungen, als über ihren alles verheißenden Besitz. Sie haben für ihn keinen Reiz mehr, wenn sie Waaren geworden sind, und er sucht sie lieber unter tausend Gefahren und Mühseligkeiten in den Vesten der Erde, als daß er ihrem Rufe in die Welt folgen, und auf der Oberfläche des Bodens durch täuschende, hinterlistige Künste nach ihnen trachten sollte. Jene Mühseeligkeiten erhalten sein Herz frisch und seinen Sinn wacker; er genießt seinen kärglichen Lohn mit inniglichem Danke, und steigt jeden Tag mit verjüngter Lebensfreude aus den dunkeln Grüften seines Berufs. Nur Er kennt die Reize des Lichts und der Ruhe, die Wohlthätigkeit der freyen Luft und Aussicht um sich her; nur ihm schmeckt Trank und Speise recht erquicklich und andächtig, wie der Leib des Herrn; und mit welchem liebevollen und empfänglichen Gemüth tritt er nicht unter seines Gleichen, oder herzt seine Frau und Kinder, und ergötzt sich dankbar an der schönen Gabe des traulichen Gesprächs!

Sein einsames Geschäft sondert ihn vom Tage und dem Umgange mit Menschen einen großen Theil seines Lebens ab. Er gewöhnt sich nicht zu einer stumpfen Gleichgültigkeit gegen diese überirdischen tiefsinnigen Dinge und behält die kindliche Stimmung, in der ihm alles mit seinem eigenthümlichsten Geiste und in seiner ursprünglichen bunten Wunderbarkeit erscheint. Die Natur will nicht der ausschließliche Besitz eines Einzigen seyn. Als Eigenthum verwandelt sie sich in ein böses Gift, was die Ruhe verscheucht, und die verderbliche Lust, alles in diesen Kreis des Besitzers zu ziehn, mit einem Gefolge von unendlichen Sorgen und wilden Leidenschaften herbeylockt. So untergräbt sie heimlich den Grund des Eigenthümers, und begräbt ihn bald in den einbrechenden Abgrund, um aus Hand in Hand zu gehen, und so ihre Neigung, Allen anzugehören, allmählich zu befriedigen.

Wie ruhig arbeitet dagegen der arme genügsame Bergmann in seinen tiefen Einöden, entfernt von dem unruhigen Tumult des Tages, und einzig von Wißbegier und Liebe zur Eintracht beseelt. Er gedenkt in seiner Einsamkeit mit inniger Herzlichkeit seiner Genossen und seiner Familie, und fühlt immer erneuert die gegenseitige Unentbehrlichkeit und Blutsverwandtschaft der Menschen. Sein Beruf lehrt ihn unermüdliche Geduld, und läßt nicht zu, daß sich seine Aufmerksamkeit in unnütze Gedanken zerstreue. Er hat mit einer wunderlichen harten und unbiegsamen Macht zu thun, die nur durch hartnäckigen Fleiß und beständige Wachsamkeit zu überwinden ist. Aber welches köstliche Gewächs blüht ihm auch in diesen schauerlichen Tiefen, das wahrhafte Vertrauen zu seinem himmlischen Vater, dessen Hand und Vorsorge ihm alle Tage in unverkennbaren Zeichen sichtbar wird. Wie unzählige mal habe ich nicht vor Ort gesessen, und bey dem Schein meiner Lampe das schlichte Krucifix mit der innigsten Andacht betrachtet! da habe ich erst den heiligen Sinn dieses räthselhaften Bildnisses recht gefaßt, und den edelsten Gang meines Herzens erschürft, der mir eine ewige Ausbeute gewährt hat. [...]

Es fehlt euch gewiß nicht, sagte Heinrich, an ermunternden Liedern. Ich sollte meinen daß euch euer Beruf unwillkührlich zu Gesängen begeistern und die Musik eine willkommne Begleiterin der Bergleute seyn müßte.

Da habt ihr wahr gesprochen, erwiederte der Alte; Gesang und Zitherspiel gehört zum Leben des Bergmanns, und kein Stand kann mit mehr Vergnügen die Reize derselben genießen, als der unsrige. Musik und Tanz sind eigentliche Freuden des Bergmanns; sie sind wie ein fröliches Gebet, und die Erinnerungen und Hofnungen desselben helfen die mühsame Arbeit erleichtern und die lange Einsamkeit verkürzen.

Wenn es euch gefällt, so will ich euch gleich einen Gesang zum Besten geben, der fleißig in meiner Jugend gesungen wurde.

> Der ist der Herr der Erde,
> Wer ihre Tiefen mißt,
> Und jeglicher Beschwerde
> In ihrem Schooß vergißt.
>
> Wer ihrer Felsenglieder
> Geheimen Bau versteht,
> Und unverdrossen nieder
> Zu ihrer Werkstatt geht.
>
> Er ist mit ihr verbündet,
> Und inniglich vertraut,
> Und wird von ihr entzündet,
> Als wär' sie seine Braut.

Er sieht ihr alle Tage
Mit neuer Liebe zu
Und scheut nicht Fleiß und Plage,
Sie läßt ihm keine Ruh.

Die mächtigen Geschichten
Der längst verfloßnen Zeit,
Ist sie ihm zu berichten
Mit Freundlichkeit bereit.

Der Vorwelt heilge Lüfte
Umwehn sein Angesicht,
Und in die Nacht der Klüfte
Strahlt ihm ein ewges Licht.

Er trift auf allen Wegen
Ein wohlbekanntes Land,
Und gern kommt sie entgegen
Den Werken seiner Hand.

Ihm folgen die Gewässer
Hülfreich den Berg hinauf;
Und alle Felsenschlösser,
Thun ihre Schätz' ihm auf.

Er führt des Goldes Ströme
In seines Königs Haus,
Und schmückt die Diademe
Mit edlen Steinen aus.

Zwar reicht er treu dem König
Den glückbegabten Arm,

Doch frägt er nach ihm wenig
Und bleibt mit Freuden arm.

Sie mögen sich erwürgen
Am Fuß um Gut und Geld;
Er bleibt auf den Gebirgen
Der frohe Herr der Welt.

(I,244-248. Aus: Heinrich von Ofterdingen)

»Teppich der Liebe«

Auf mich, sagte Sylvester, hat freylich die lebendige Natur, die regsame Überkleidung der Gegend immer am meisten gewirkt. Ich bin nicht müde geworden besonders die verschiedene Pflanzennatur auf das sorgfältigste zu betrachten. Die Gewächse sind so die unmittelbarste Sprache des Bodens; Jedes neue Blatt, jede sonderbare Blume ist irgend ein Geheimniß, was sich hervordrängt und das, weil es sich vor Liebe und Lust nicht bewegen und nicht zu Worten kommen kann, eine stumme, ruhige Pflanze wird. Findet man in der Einsamkeit eine solche Blume, ist es da nicht, als wäre alles umher verklärt und hielten sich die kleinen befiederten Töne am liebsten in ihrer Nähe auf. Man möchte für Freuden weinen, und abgesondert von der Welt nur seine Hände und Füße in die Erde stecken, um Wurzeln zu treiben und nie diese glückliche Nachbarschaft zu verlassen. Über die ganze trockne Welt ist dieser grüne, geheimnißvolle Teppich der Liebe gezogen. Mit jedem Frühjahr wird er erneuert und seine seltsame Schrift ist nur dem Geliebten lesbar wie der Blumenstraus des Orients. Ewig wird er lesen und sich nicht satt lesen und täglich neue Bedeutungen, neue entzückendere Offenbarungen der liebenden Natur gewahr werden. Dieser unendliche Genuß ist der geheime Reitz, den die Begehung der Erdfläche für mich hat, indem mir jede Gegend andre Räthsel löst, und mich immer mehr errathen läßt, woher der Weg komme und wohin er gehe.

(I,328f. Aus: Heinrich von Ofterdingen)

9. »Wollust der Wasserberührung«

»Über die ganze trockne Welt« sei der grüne »Teppich der Liebe« gezogen, hatte Sylvester im *Heinrich von Ofterdingen* erklärt. Das »trocken« irritiert ein wenig mit seiner Nüchternheit, aber dahinter steckte, wie schon im vorigen Kapitel angedeutet, der geologisch gebildete Autor. Die »Welt« bedeckt zu einem beträchtlichen Teil das Wasser der Meere, über dessen Relation zur »trockenen« Erdoberfläche verschiedene Theorien im Umlauf waren. Von seinem Freiberger Lehrer Abraham Gottlob Werner hatte Novalis die Ansicht übernommen, daß die Gebirge nicht vulkanischen Ursprungs seien, sondern Sedimente eines großen Urmeeres. Es war die – freilich nicht haltbare – Theorie des »Neptunismus«, die zum Beispiel auch Goethe gefiel, weil ihm das Wasser als ein Element der friedlichen Evolution galt im Gegensatz zu den sozusagen »revolutionären« Gewaltsamkeiten des »Vulkanismus«. Für Novalis war das Wasser das Element der Mischung, Vereinigung, ja der Liebe, dessen Blau sich also dem Grün des Teppichs der »trockenen Welt« zugesellte. Selbst gesehen hat er das Meer allerdings nie.

Symbolträchtig war Novalis das Wasser schon vor seinem Studium der Geologie, und dessen erotische Qualität erkundete er bereits als junger Poet. Die »Wollust der Wasserberührung«, von der er später in einer Notiz spricht, muß er früh gespürt haben, denn sie begegnet in seinem Werk immer wieder – in einigen Gedichten des Siebzehnjährigen, in den *Lehrlingen zu Saïs* mit einem regelrechten Hymnus auf das flüssige Element und dann vor allem auf einem Höhepunkt seines gesamten Werks, im Traum Heinrichs von

Ofterdingen von der blauen Blume. In den *Hymnen an die Nacht* und im *Lied der Toten* (S. 162 ff.) erhalten Fließen und Zerfließen, Meer und Ozean schließlich religiöse Qualitäten. Aber die sind bei Novalis ohnehin stets zutiefst mit seinem Eros verbunden.

Aufzeichnung 1799

Inniges *Wohlseyn* des Wassers. – Wollust der Wasserberührung.   (III, 574)

Badelied

Auf Freunde herunter das heiße Gewand
Und tauchet in kühlende Flut
Die Glieder, die matt von der Sonne gebrannt,
Und holet von neuen euch Muth.

Die Hitze erschlaffet, macht träge uns nur
Nicht munter und thätig und frisch
Doch Leben gibt uns und der ganzen Natur
Die Quelle im kühlen Gebüsch.

Vielleicht daß sich hier auch ein Mädchen gekühlt
Mit rosichten Wangen und Mund
Am niedlichen Leibe dies Wellchen gespielt
Am Busen so weiß und so rund.

Und welches Entzücken, dies Wellchen bespült
Auch meine entkleidete Brust
O! warlich wer diesen Gedanken nur fühlt
Hat süße entzückende Lust.

                                                    (VI.1,184)

Das Bad

Hier badete Amor sich Heute
Der Unvorsichtge entschlief
Da kamen die Nymphen voll Freude,
Und tauchten die Fackel ihm tief
Ins Quellchen, da mischten sich Wellen
Und Liebe; sie täuschten sich sehr
Die Nymphen, sie tranken mit hellen
Gewässer die Liebe nun mehr.
O! Mädchen, die Liebe nicht scheuen,
Die trinken die liebliche Flut.
Die Liebe, die wird sie erfreuen
Mit sanfter entzückender Glut.
Ich hab *mich* hier oftmals gebadet
Mit meiner Laura allein,
Und nach dem Bade so ladet
Der Schlummer im Grase uns ein.

(VI.1,295 f.)

»Dienst der Liebe«

In den *Lehrlingen zu Saïs* spricht einer der Lehrlinge über verschiedene
Arten der Menschen, die Natur zu betrachten, über die wissenschaft-
lich messende und über die intuitive, die im Einzelnen das Abbild des
Ganzen sucht. Schließlich aber gebe es neben diesen beiden Gruppen
noch eine dritte.

Die Müßigsten unter ihnen erwarten kindlich von liebevol-
ler Mittheilung höherer, von ihnen mit Inbrunst verehrter
Wesen die ihnen nützliche Kenntniß der Natur. Sie mögen

Zeit und Aufmerksamkeit in diesem kurzen Leben nicht Geschäften widmen, und dem Dienste der Liebe entziehn. Durch frommes Betragen suchen sie nur Liebe zu gewinnen, nur Liebe mitzutheilen, unbekümmert um das große Schauspiel der Kräfte, ruhig ihrem Schicksale in diesem Reiche der Macht ergeben, weil das innige Bewußtseyn ihrer Unzertrennlichkeit von den geliebten Wesen sie erfüllt, und die Natur sie nur als Abbild und Eigenthum derselben rührt. Was brauchen diese glücklichen Seelen zu wissen, die das beste Theil erwählt haben, und als reine Flammen der Liebe in dieser irdischen Welt nur auf den Spitzen der Tempel oder auf umhergetriebenen Schiffen, als Zeichen des überströmenden himmlischen Feuers lodern? Oft erfahren diese liebenden Kinder in seligen Stunden herrliche Dinge aus den Geheimnissen der Natur, und thun sie in unbewußter Einfalt kund. Ihren Tritten folgt der Forscher, um jedes Kleinod zu sammeln, was sie in ihrer Unschuld und Freude haben fallen lassen, ihrer Liebe huldigt der mitfühlende Dichter und sucht durch seine Gesänge diese Liebe, diesen Keim des goldnen Alters, in andre Zeiten und Länder zu verpflanzen.

Wem regt sich nicht, rief der Jüngling mit funkelndem Auge, das Herz in hüpfender Lust, wenn ihm das innerste Leben der Natur in seiner ganzen Fülle in das Gemüth kommt! wenn dann jenes mächtige Gefühl, wofür die Sprache keine andere Namen als Liebe und Wollust hat, sich in ihm ausdehnt, wie ein gewaltiger, alles auflösender Dunst, und er bebend in süßer Angst in den dunkeln lockenden Schoos der Natur versinkt, die arme Persönlichkeit in den überschlagenden Wogen der Lust sich verzehrt, und nichts als ein Brennpunkt der unermeßlichen Zeugungskraft, ein verschluckender Wirbel im großen Ozean übrigbleibt! Was ist die überall erscheinende Flamme? Eine innige Umarmung, deren süße Frucht in wollüstigen Tropfen herunterthaut. Das Wasser, dieses erstgeborne Kind luftiger Verschmelzungen, kann seinen wollüstigen Ursprung nicht verläugnen und zeigt sich, als Element der Liebe und der Mischung mit himmlischer Allgewalt auf Erden. Nicht unwahr haben alte Weisen im Wasser den Ursprung der Dinge gesucht, und wahrlich sie haben von einem höhern Wasser, als dem Meer- und Quellwasser gesprochen. In jenem offenbaret sich nur das Urflüssige, wie es im flüssigen Metall zum Vorschein kommt, und darum mögen die Menschen es immer auch nur göttlich verehren. Wie wenige haben sich noch in die Geheimnisse des Flüssigen vertieft und manchem ist diese Ahndung des höchsten Genusses und Lebens wohl nie in der trunkenen Seele aufgegangen. Im Durste offenbaret sich diese Weltseele, diese gewaltige Sehnsucht nach dem Zerfließen. Die Berauschten fühlen nur zu gut diese überirdische Wonne des Flüssigen, und am Ende sind alle angenehme Empfindungen in uns mannichfache Zerfließungen, Regungen jener Urgewässer in uns. Selbst der Schlaf ist nichts als die Flut jenes unsichtbaren Weltmeers, und das Erwachen das Eintreten der Ebbe. Wie viele Menschen stehn an den berauschenden Flüssen und hören nicht das Wiegenlied dieser mütterlichen Gewässer, und genießen nicht das entzückende Spiel [ihrer] unendlichen Wellen! Wie diese Wellen, lebten wir in der goldnen Zeit; in buntfarbigen Wolken, diesen schwimmenden Meeren und Urquellen des Lebendigen auf Erden, liebten und erzeugten sich die Geschlechter der Menschen in ewigen Spielen, wurden besucht von den Kindern des Himmels und erst in jener großen Begebenheit, welche heilige Sagen die Sündflut nennen, ging diese blühende Welt unter; ein feindliches Wesen schlug die

Erde nieder, und einige Menschen blieben geschwemmt auf die Klippen der neuen Gebirge in der fremden Welt zurück. Wie seltsam, daß gerade die heiligsten und reitzendsten Erscheinungen der Natur in den Händen so todter Menschen sind, als die Scheidekünstler zu seyn pflegen! sie, die den schöpferischen Sinn der Natur mit Macht erwecken, nur ein Geheimniß der Liebenden, Mysterien der höhern Menschheit seyn sollten, werden mit Schaamlosigkeit und sinnlos von rohen Geistern hervorgerufen, die nie wissen werden, welche Wunder ihre Gläser umschließen. Nur Dichter sollten mit dem Flüssigen umgehn, und von ihm der glühenden Jugend erzählen dürfen; die Werkstätten wären Tempel und mit neuer Liebe würden die Menschen ihre Flamme und ihre Flüsse verehren und sich ihrer rühmen. Wie glücklich würden die Städte sich wieder dünken, die das Meer oder ein großer Strom bespült, und jede Quelle würde wieder die Freistätte der Liebe und der Aufenthalt der erfahrnen und geistreichen Menschen. Darum lockt auch die Kinder nichts mehr als Feuer und Wasser, und jeder Strom verspricht ihnen, in die bunte Ferne, in schönere Gegenden sie zu führen. Es ist nicht blos Wiederschein, daß der Himmel im Wasser liegt, es ist eine zarte Befreundung, ein Zeichen der Nachbarschaft, und wenn der unerfüllte Trieb in die unermeßliche Höhe will, so versinkt die glückliche Liebe gern in die endlose Tiefe. Aber es ist umsonst, die Natur lehren und predigen zu wollen. Ein Blindgeborner lernt nicht sehen, und wenn man ihm noch so viel von Farben und Lichtern und fernen Gestalten erzählen wollte. So wird auch keiner die Natur begreifen, der kein Naturorgan, kein innres naturerzeugendes und absonderndes Werkzeug hat, der nicht, wie von selbst, überall die Natur an allem erkennt und unterscheidet und mit angeborner Zeugungslust, in inniger mannichfaltiger Verwandtschaft mit allen Körpern, durch das Medium der Empfindung, sich mit allen Naturwesen vermischt, sich gleichsam in sie hineinfühlt. Wer aber einen richtigen und geübten Natursinn hat, der genießt die Natur, indem er sie studirt, und freut sich ihrer unendlichen Mannichfaltigkeit, ihrer Unerschöpflichkeit im Genusse, und bedarf nicht, daß man ihn mit unnützen Worten in seinen Genüssen störe. Ihm dünkt vielmehr, daß man nicht heimlich genug mit der Natur umgehen, nicht zart genug von ihr reden, nicht ungestört und aufmerksam genug sie beschauen kann. Er fühlt sich in ihr, wie am Busen seiner züchtigen Braut und vertraut auch nur dieser seine erlangten Einsichten in süßen vertraulichen Stunden. Glücklich preis' ich diesen Sohn, diesen Liebling der Natur, dem sie verstattet sie in ihrer Zweyheit, als erzeugende und gebärende Macht, und in ihrer Einheit, als eine unendliche, ewigdauernde Ehe, zu betrachten. Sein Leben wird eine Fülle aller Genüsse, eine Kette der Wollust und seine Religion der eigentliche, ächte Naturalismus seyn.

(I, 103-106. Aus: Die Lehrlinge zu Saïs)

»Er sah nichts als die blaue Blume«

Das Folgende ist der Anfang von Novalis' Roman *Heinrich von Ofterdingen*. Das Buch beginnt in Eisenach in Heinrichs Elternhaus; sein Vater ist Goldschmied, also Handwerker, nicht Ritter, wie der Name vermuten ließe.

Die Eltern lagen schon und schliefen, die Wanduhr schlug ihren einförmigen Takt, vor den klappernden Fenstern sauste der Wind; abwechselnd wurde die Stube hell von dem

Schimmer des Mondes. Der Jüngling lag unruhig auf seinem Lager, und gedachte des Fremden und seiner Erzählungen. Nicht die Schätze sind es, die ein so unaussprechliches Verlangen in mir geweckt haben, sagte er zu sich selbst; fern ab liegt mir alle Habsucht: aber die blaue Blume sehn' ich mich zu erblicken. Sie liegt mir unaufhörlich im Sinn, und ich kann nichts anders dichten und denken. So ist mir noch nie zu Muthe gewesen: es ist, als hätt' ich vorhin geträumt, oder ich wäre in eine andere Welt hinübergeschlummert; denn in der Welt, in der ich sonst lebte, wer hätte da sich um Blumen bekümmert, und gar von einer so seltsamen Leidenschaft für eine Blume hab' ich damals nie gehört. Wo eigentlich nur der Fremde herkam? Keiner von uns hat je einen ähnlichen Menschen gesehn; doch weiß ich nicht, warum nur ich von seinen Reden so ergriffen worden bin; die Andern haben ja das Nämliche gehört, und Keinem ist so etwas begegnet. Daß ich auch nicht einmal von meinem wunderlichen Zustande reden kann! Es ist mir oft so entzückend wohl, und nur dann, wenn ich die Blume nicht recht gegenwärtig habe, befällt mich so ein tiefes, inniges Treiben: das kann und wird Keiner verstehn. Ich glaubte, ich wäre wahnsinnig, wenn ich nicht so klar und hell sähe und dächte, mir ist seitdem alles viel bekannter. Ich hörte einst von alten Zeiten reden; wie da die Thiere und Bäume und Felsen mit den Menschen gesprochen hätten. Mir ist grade so, als wollten sie allaugenblicklich anfangen, und als könnte ich es ihnen ansehen, was sie mir sagen wollten. Es muß noch viel Worte geben, die ich nicht weiß: wüßte ich mehr, so könnte ich viel besser alles begreifen. Sonst tanzte ich gern; jezt denke ich lieber nach der Musik. Der Jüngling verlohr sich allmählich in süßen Fantasien und entschlummerte. Da träumte ihm erst von unabsehlichen Fernen, und wilden, unbekannten Gegenden. Er wanderte über Meere mit unbegreiflicher Leichtigkeit; wunderliche Tiere sah er; er lebte mit mannichfaltigen Menschen, bald im Kriege, in wildem Getümmel, in stillen Hütten. Er gerieth in Gefangenschaft und die schmählichste Noth. Alle Empfindungen stiegen bis zu einer niegekannten Höhe in ihm. Er durchlebte ein unendlich buntes Leben; starb und kam wieder, liebte bis zur höchsten Leidenschaft, und war dann wieder auf ewig von seiner Geliebten getrennt. Endlich gegen Morgen, wie draußen die Dämmerung anbrach, wurde es stiller in seiner Seele, klarer und bleibender wurden die Bilder. Es kam ihm vor, als ginge er in einem dunkeln Walde allein. Nur selten schimmerte der Tag durch das grüne Netz. Bald kam er vor eine Felsenschlucht, die bergan stieg. Er mußte über bemooste Steine klettern, die ein ehemaliger Strom herunter gerissen hatte. Je höher er kam, desto lichter wurde der Wald. Endlich gelangte er zu einer kleinen Wiese, die am Hange des Berges lag. Hinter der Wiese erhob sich eine hohe Klippe, an deren Fuß er eine Öffnung erblickte, die der Anfang eines in den Felsen gehauenen Ganges zu seyn schien. Der Gang führte ihn gemächlich eine Zeitlang eben fort, bis zu einer großen Weitung, aus der ihm schon von fern ein helles Licht entgegen glänzte. Wie er hineintrat, ward er einen mächtigen Strahl gewahr, der wie aus einem Springquell bis an die Decke des Gewölbes stieg, und oben in unzählige Funken zerstäubte, die sich unten in einem großen Becken sammelten; der Strahl glänzte wie entzündetes Gold; nicht das mindeste Geräusch war zu hören, eine heilige Stille umgab das herrliche Schauspiel. Er näherte sich dem Becken, das mit unendlichen Farben wogte und zitterte. Die Wände der Höhle waren mit dieser Flüssigkeit überzogen, die nicht heiß, sondern kühl war, und an den Wänden nur ein mattes, bläuliches Licht von sich warf. Er tauchte seine Hand in das Becken und benetzte seine Lippen. Es war, als durchdränge ihn ein geistiger Hauch, und er fühlte sich innigst gestärkt und erfrischt. Ein unwiderstehliches Verlangen ergriff ihn sich zu baden, er entkleidete sich und stieg in das Becken. Es dünkte ihn, als umflösse ihn eine Wolke des Abendroths; eine himmlische Empfindung überströmte sein Inneres; mit inniger Wollust strebten unzählbare Gedanken in ihm sich zu vermischen; neue, niegesehene Bilder entstanden, die auch ineinander flossen und zu sichtbaren Wesen um ihn wurden, und jede Welle des lieblichen Elements schmiegte sich wie ein zarter Busen an ihn. Die Flut schien eine Auflösung reizender Mädchen, die an dem Jünglinge sich augenblicklich verkörperten.

Berauscht von Entzücken und doch jedes Eindrucks bewußt, schwamm er gemach dem leuchtenden Strome nach, der aus dem Becken in den Felsen hineinfloß. Eine Art von süßem Schlummer befiel ihn, in welchem er unbeschreibliche Begebenheiten träumte, und woraus ihn eine andere Erleuchtung weckte. Er fand sich auf einem weichen Rasen am Rande einer Quelle, die in die Luft hinausquoll und sich darin zu verzehren schien. Dunkelblaue Felsen mit bunten Adern erhoben sich in einiger Entfernung; das Tageslicht das ihn umgab, war heller und milder als das gewöhnliche, der Himmel war schwarzblau und völlig rein. Was ihn aber mit voller Macht anzog, war eine hohe lichtblaue Blume, die zunächst an der Quelle stand, und ihn mit ihren breiten, glänzenden Blättern berührte. Rund um sie her standen unzählige Blumen von allen Farben, und der köstlichste Geruch erfüllte die Luft. Er sah nichts als die blaue Blume, und betrachtete sie lange mit unnennbarer Zärtlichkeit. Endlich wollte er sich ihr nähern, als sie auf einmal sich zu bewegen und zu verändern anfing; die Blätter wurden glänzender und schmiegten sich an den wachsenden Stengel, die Blume neigte sich nach ihm zu, und die Blüthenblätter zeigten einen blauen ausgebreiteten Kragen, in welchem ein zartes Gesicht schwebte. Sein süßes Staunen wuchs mit der sonderbaren Verwandlung, als ihn plötzlich die Stimme seiner Mutter weckte, und er sich in der elterlichen Stube fand, die schon die Morgensonne vergoldete. Er war zu entzückt, um unwillig über diese Störung zu seyn; vielmehr bot er seiner Mutter freundlich guten Morgen und erwiederte ihre herzliche Umarmung.

(I,195 ff. Aus: Heinrich von Ofterdingen)

10. »*Theorie der Wollust*«

Wollust war im 18. Jahrhundert ein Wort mit einem weiten Bedeutungsspielraum, beträchtlich weiter als ihn das Wort Sexualität besitzt, dem es heute am nächsten steht, das aber zu dieser Zeit noch nicht in Gebrauch war. Leibliche wie seelische Freuden und Lustgefühle hatte es damals auszudrücken. Novalis selbst stellt in seinen Aufzeichnungen zu diesem Thema einen ganzen Katalog von Möglichkeiten auf, »Wollust« zu empfinden und zu verstehen. Vom Essen reicht die Skala über Patriotismus und Krieg bis zur Religion, vom Arbeiten und dem Wissenstrieb zu Geschlechtslust, Kannibalismus und Grausamkeit. Das Aufregende dieser Notizen besteht im Experimentieren mit Zusammenhängen zwischen Lustempfindungen und Phänomenen, die theoretisch zu artikulieren erst ein späteres Jahrhundert lernte, nachdem die Psychoanalyse die Begrifflichkeit dafür geschaffen hatte. Novalis' Notizen sind nicht romantische Fragmente; in vielen dominiert das Fragen, aber es ist kein wildes Fragen, sondern ein bedachtes, auf scharfen und genauen Beobachtungen beruhendes als Resultat von Denkprozessen. Das macht sie auch einem späteren Zeitalter interessant.

Häufig werden aus der dialektischen Medizin von John Brown (vgl. S. 67 f.) die Begriffe Stärke (Sthenie) und Schwäche (Asthenie) übernommen und als Instrument benutzt, um im Zusammenhang mit der »Wollust« den Gefahren des Rausches nachzugehen, von denen Novalis sich immer wieder warnend distanzierte, wohl nicht zuletzt aus Selbstkenntnis.

Wesen und gesellschaftliche Macht der Scham bei »Geschlechtsverhältnissen« sind ein weiterer Gegenstand der fragenden Betrachtung, kritisch hinsichtlich aller heuchlerischen Prüderie. Und wie Novalis in seinen Aufzeichnungen die Grenzen der Konventionen für das Reden über Sexualität beträchtlich überschreitet, so rührt er auch in seinem literarischen Werk herausfordernd und in der Maske des Märchenerzählers an sexuelle Tabus, wovon im *Heinrich von Ofterdingen* die inzestuöse Vereinigung zwischen Eros und der Amme Ginnistan in der Gestalt seiner Mutter am deutlichsten Zeugnis ablegt.

Tanz – Essen – Sprechen – gemeinschaftlich Empfinden und arbeiten – zusammenseyn – sich hören, sehn, fühlen etc. – alles sind Bedingungen und Anlässe, und selbst schon Functionen – der Wircksamkeit des *Höhern* – zusammengesezten Menschen – des Genius etc.

Theorie der Wollust.

Amor ist es, der uns zusammengedrückt. In allen obgedachten Functionen liegt Wollust (*Sym[pathie]*) zum Grunde. Die eigentlich wollüstige Function ist die am Meisten Mystische – die beynah Absolute – oder auf *Totalitaet* d[er] Vereinigung (Mischung) dringende – die *chymische*.

(III, 425)

Rausch aus *Stärke* – Rausch aus [Schwäche]. Die narcotischen Gifte, der Wein etc. bewircken einen Rausch [aus] *Schwäche* – Sie entziehn dem Denkorgan *etwas*. – Sie machen es unf[ähig] für seinen gewöhnlichen Reitz. / Leidenschaften, fixe Ideen sind vielleicht eher ein Rausch aus Stärke – bewircken Localentzündungen. / Wollust berauscht auch, wie Wein. Im Rausch aus Schwäche hat man viel lebhaftere, durchdringendere Sensationen. Je besonnener, desto unsinnlicher.

(III, 245)

Zorn ist ein heftiger Unwillen. Enthusiasmus – ein heftiger Willen. (Schmerz vielleicht ein heftiger Untrieb oder Gegentrieb – Wollust *heftiger Trieb*.) Alle Unlust entsteht von Mangel – (Mangel an Trieb – Kraft – Mangel an Reitz – Stoff). In jeder wahren Kr[anckheit] ist ein Mangel – und daraus entsteht die Unlust jeder Kranckheit. Daher sagt man auch – Was *fehlt* dir.

Sthenie und Asthenie sind *verkehrte Synonymen*. (Die *Vermehrung von Kr[anckheiten]* – Zeichen der höhern Kultur.) [...]   (III, 349)

(Über den Ausdruck – sich *etwas beschlafen*.)

Ist der Schlaf – eine Selbstbegattung   (III, 410)

[...] Überall wird eine *Kraft*, oder *Action* (quod item est.) transitorisch sichtbar – die durchaus verbreitet, unter *gewissen eintretenden Bedingungen (Berührungen)* sich zu offenbaren, wircksam zu werden scheint. Diese mystische Kraft scheint die Kraft der Lust und Unlust zu seyn – deren *begeisternde* Wirckungen wir so ausgezeichnet in den *wollüstigen* Empfindungen zu bemercken glauben. [...]

Beobachtungen der Wollust in d[er] ganzen Natur.

(Reiz ist ganz analog d[em] Begriff Geheimniß – das Geheimniß soll entheimlicht – der *Reiz entreizt* werden.)

(Gefühl *der Weltseele* etc. in d[er] Wollust. *Gefühl d[es] Genius* im Patriotismus, der Religion, der Liebe.)

(III, 423 f.)

Spinotza und Andre haben mit sonderbaren *Instinkt* alles in der Theologie gesucht – die Theol[ogie] zum Sitz der Intelligenz gemacht. *Spinotzas Idee* von einem kategorischen – imperativen – Schönen oder *vollkommenen Wissen* – einem an sich befriedigenden Wissen – einem alles übrige Wissen annihilirenden und d[en] Wissenstrieb *angenehm* aufhebenden Wissen – kurz einem *wollüstigen* Wissen (welche allem Mysticism zum Grunde liegt) ist *höchst interressant. (Euthanasie.)*

Ist nicht *die Moral,* insofern sie auf *Bekämpfung der sinnlichen* Neigung beruht – selbst *wollüstig* – ächter *Eudaemonismus.* Wollust ist ein gefälliger und veredelter Schmerz. Aller *Krieg* ist wollüstig. (Transcendente Wollust der Schwärmer etc.)   (III, 451)

Wollust des *Erzeugens* – Alles Erzeugen ist also eine polemische *Operation.* Wollust d[er] Synthesis.   (III, 453)

Der Sinnenrausch ist zur Liebe, was der Schlaf zum Leben.
                                                        (III, 471)

Es ist sonderbar, daß nicht längst die Association von Wollust, Religion, und Grausamkeit die Leute aufmercksam auf ihre innige Verwandtschaft und ihre gemeinschaftliche Tendenz gemacht hat.   (III, 568)

Über die Geschlechtslust – die Sehnsucht nach *fleischlicher* Berührung – das Wolgefallen an nackenden Menschenleibern. Sollt es ein versteckter *Appetit* nach Menschenfleisch seyn?   (III, 575)

Sonderbar, daß man bisher so wenig auf das Phaenomèn acht gegeben hat, daß durch das *Zerfließen* die *specifische Schwere* zunimmt.

Mit der *Welt* entsteht die *Begierde* – Ein Hang zum Zerfließen oder die *Schwere*.

Seltsame Ausführung eines *Gleichnisses* – z.B. die Liebe ist süß, also kommt ihr alles zu, was dem Zucker zukommt.

(III, 587)

Sonderbar, daß der eigentliche Grund der Grausamkeit Wollust ist. (III, 655)

Fremdheit – Geheimnißvoller Reitz – und gezähmte Rohheit – demüthige Stärke – dienende Kraft – dies sind die Elemente der gewöhnlichen Wollust. (III, 684)

Scham ist wohl ein Gefühl der Profanazion. Freundschaft, Liebe und Pietät sollten geheimnißvoll behandelt werden. Man sollte nur in seltnen Momenten davon reden, sich stillschweigend darüber einverstehen. Vieles ist zu zart um gedacht, noch mehres um besprochen zu werden. (II, 423)

Mir scheint ein Trieb in unsern Tagen allgemein verbreitet zu seyn – die äußre Welt hinter künstliche Hüllen zu verstecken – vor der offnen Natur sich zu schämen und durch Verheimlichung und Verborgenheit der Sinnenwesen eine dunkle, Geisterkraft ihnen beyzulegen. Romantisch ist der Trieb gewiß – allein der kindlichen Unschuld und Klar-

heit nicht vortheilhaft – besonders bey Geschlechtsverhältnissen ist dies bemercklich. (III, 560)

Die Xstliche Religion ist die eigentliche Religion der Wollust. Die Sünde ist der große Reitz für die Liebe der Gottheit.
Je sündiger man sich fühlt, desto kristlicher ist man. Unbedingte Vereinigung mit der Gottheit ist der Zweck der
Sünde und *Liebe*. Dythiramben sind ein ächt kristliches Produkt. (III, 653)

An Caroline Schlegel (27. 2. 1799)

Ich weiß, daß die Fantasie das Unsittlichste – das geistig-
thierische am liebsten mag – Indeß weiß ich auch, wie sehr
alle Fantasie, wie ein Traum ist – der die Nacht, die Sinn-
losigkeit und die Einsamkeit liebt – Der Traum und die
Fantasie sind das eigenste Eigenthum – sie sind höchstens
für 2 – aber nicht für mehrere Menschen. Der Traum und die
Fantasie sind zum Vergessen – Man darf sich nicht dabey
aufhalten – am wenigsten ihn *verewigen* – Nur seine Flüch-
tigkeit macht die Frechheit seines Daseyns gut. Vielleicht
gehört der Sinnenrausch zur Liebe, wie der Schlaf zum Leben – der Edelste Theil ist es nicht – und der rüstige Mensch
wird immer lieber wachen, als schlafen. Auch ich kann den
Schlaf nicht vermeiden – aber ich freue mich doch des Wa-
chens und wünschte *heimlich* immer zu *wachen*.

(IV, 280)

»Die Liebe ging auf dunkler Bahn«

In *Heinrich von Ofterdingen* erzählt der Dichter Klingsohr am Ende des ersten Teils ein allegorisches Märchen. Ein Zustand des Unfriedens ist in der Welt der Menschen angebrochen. Lockere Familienverhältnisse herrschen dort, die allerdings auch schon wieder einen neuen Frieden befördern. Vater und Mutter sind Eltern des kleinen Eros, also der Liebe. Mit dessen Amme Ginnistan, der Phantasie, hat der Vater auch die kleine Fabel gezeugt, die Poesie. Fabel wird das Werk der Befreiung von den Mächten der Unterwelt herbeiführen und Eros mit Freya, dem Frieden, vermählen. Freya wiederum ist Kind des Sternenkönigs Arctur und der Weisheit, die selbstverständlich Sophie heißt. Das Märchen beschließen die folgenden Verse:

> Gegründet ist das Reich der Ewigkeit,
> In Lieb' und Frieden endigt sich der Streit,
> Vorüber ging der lange Traum der Schmerzen,
> Sophie ist ewig Priesterin der Herzen.　　(I,315)

Bevor es jedoch dazu kommt, wird Eros zunächst von den Eltern auf eine Art astrale Bildungsreise geschickt: Ginnistan soll ihn zu ihrem Vater, dem Mond, führen, aber erst nach einer seltsamen Vorbereitung: »Ginnistan tauschte ihre Gestalt mit der Mutter, worüber der Vater sehr vergnügt zu sein schien«, denn nun bleibt ihm ja die Gemahlin in der offensichtlich reizvolleren Gestalt der Geliebten zurück. Diese wiederum führt Eros, nunmehr zumindest äußerlich als dessen eigene Mutter, zum vorgegebenen Ziel. Dort allerdings kommt es zu einer sexuellen Vereinigung beider, was den Tatbestand des Inzests in nächste Nähe rückt, wenn ihn nicht gar erfüllt.

Es war Nacht, wie sie abreisten, und der Mond stand hoch am Himmel. Lieber Eros, sagte Ginnistan, wir müssen eilen, daß wir zu meinem Vater kommen, der mich lange nicht gesehn und so sehnsuchtsvoll mich überall auf der Erde gesucht hat. Siehst du wohl sein bleiches abgehärmtes Gesicht? Dein Zeugniß wird mich ihm in der fremden Gestalt kenntlich machen.

Die Liebe ging auf dunkler Bahn
Vom Monde nur erblickt,
Das Schattenreich war aufgethan
Und seltsam aufgeschmückt.

Ein blauer Dunst umschwebte sie
Mit einem goldnen Rand,
Und eilig zog die Fantasie
Sie über Strom und Land.

Es hob sich ihre volle Brust
In wunderbarem Muth;
Ein Vorgefühl der künft'gen Lust
Besprach die wilde Glut.

Die Sehnsucht klagt' und wußt' es nicht,
Daß Liebe näher kam,
Und tiefer grub in ihr Gesicht
Sich hoffnungsloser Gram.

Die kleine Schlange blieb getreu:
Sie wies nach Norden hin,
Und beyde folgten sorgenfrey
Der schönen Führerin.

Die kleine Schlange = *gemeint ist die Kompaßnadel, die vom Anfang des Märchens an eine Rolle spielt.*

Die Liebe ging durch Wüsteneyn
Und durch der Wolken Land,
Trat in den Hof des Mondes ein
Die Tochter an der Hand.

Er saß auf seinem Silberthron,
Allein mit seinem Harm;
Da hört' er seines Kindes Ton,
Und sank in ihren Arm.

Der Mond veranstaltet nun ein großes Traumtheater, das in der folgenden Szene ausklingt:

Himmel und Erde flossen in süße Musik zusammen. Eine wunderschöne Blume schwamm glänzend auf den sanften Wogen. Ein glänzender Bogen schloß sich über die Flut auf welchem göttliche Gestalten auf prächtigen Thronen, nach beyden Seiten herunter, saßen. Sophie saß zu oberst, die Schaale in der Hand, neben einem herrlichen Manne, mit einem Eichenkranze um die Locken, und einer Friedenspalme statt des Szepters in der Rechten. Ein Lilienblatt bog sich über den Kelch der schwimmenden Blume; die kleine Fabel saß auf demselben, und sang zur Harfe die süßesten Lieder. In dem Kelche lag Eros selbst, über ein schönes schlummerndes Mädchen hergebeugt, die ihn fest umschlungen hielt. Eine kleinere Blüthe schloß sich um beyde her, so daß sie von den Hüften an in Eine Blume verwandelt zu seyn schienen.

Eros dankte Ginnistan mit tausend Entzücken. Er umarmte sie zärtlich, und sie erwiederte seine Liebkosungen. Ermüdet von der Beschwerde des Weges und den mannichfaltigen Gegenständen, die er gesehen hatte, sehnte er sich nach Bequemlichkeit und Ruhe. Ginnistan, die sich von dem schönen Jüngling lebhaft angezogen fühlte, hütete sich wohl des Trankes zu erwähnen, den Sophie ihm mitgegeben hatte. Sie führte ihn zu einem abgelegenen Bade, zog ihm die Rüstung aus, und zog selbst ein Nachtkleid an, in welchem sie fremd und verführerisch aussah. Eros tauchte sich in die gefährlichen Wellen, und stieg berauscht wieder heraus. Ginnistan trocknete ihn, und rieb seine starken, von Jugendkraft gespannten Glieder. Er gedachte mit glühender Sehnsucht seiner Geliebten, und umfaßte in süßem Wahne die reitzende Ginnistan. Unbesorgt überließ er sich seiner ungestümen Zärtlichkeit, und schlummerte endlich nach den wollüstigsten Genüssen an dem reitzenden Busen seiner Begleiterin ein.

(I,297 f., 300. Aus: Heinrich von Ofterdingen)

11. »Die Liebe hat von jeher Romane gespielt«

Fabel, die Poesie, ist es, die in Klingsohrs großem Märchen im *Heinrich von Ofterdingen* die Erlösung bewerkstelligt. Von der Macht der Poesie und der Dichter war schon zuvor in Novalis' Roman vielfach gesprochen worden. Denn er wie sein Freund Friedrich Schlegel entwickelten in regem Austausch – »symphilosophieren« nannten sie es – Ideen zu einer »romantischen«, »progressiven Universalpoesie«, die Leben und Gesellschaft poetisch machen, also als harmonisierendes Element unter den in Gegensätzen befangenen Menschen wirken sollte: Fabel, die Poesie, führt Eros, die Liebe, zu Freya, dem Frieden.

Zu Experimenten mit einer solchen Poesie eignete sich vor allem die den Launen der Phantasie am offensten stehende Form des Märchens, aber nur der Zusammenhang eines größeren Werks mit vielen Facetten konnte dem Märchen wiederum seine rechte Bedeutung zuweisen. So führte Novalis' Weg hin zum Roman, der um diese Zeit in der europäischen Literatur erst wirklich populär geworden war. Der Roman und das »Romantische« entwickelten sich zu Partnern, die Liebe aber sollte das Band sein, das sie zusammenhielt. »Die Liebe hat von jeher Romane gespielt, oder die Kunst zu lieben ist immer romantisch gewesen«, lautet ein Schlüsselsatz bei Novalis. Die Verbindung ästhetischer und ethischer Gedanken, der Kunst mit der Liebe, der Liebe mit dem Glauben scheint überall durch in seinen Aufzeichnungen, so etwa in jenen langen Listen über Arten, Eigenschaften und Verhältnisse der Liebe, die allesamt Vorstudien zu neuen Romanen bildeten, von denen *Hein-*

rich von Ofterdingen in Novalis' Vision nur der erste sein sollte. Sein früher Tod hat ihn gehindert, mehr davon auszuführen.

»Der Dichter wird des Königs Sohn«

Im 3. Kapitel des *Heinrich von Ofterdingen* wird das Märchen vom König von Atlantis erzählt, der zwar schon immer die Dichter hoch geschätzt hatte, dem aber die Bewerber um die Hand seiner einzigen Tochter nicht adlig und erhaben genug sein können. Die Prinzessin jedoch trifft bei einem einsamen Ausritt einen jungen, ebenso naturkundigen wie sangesbegabten Mann, so daß schließlich kommt, was unter solchen Umständen kommen muß: eine Urszene ereignet sich.

Eines Tages, wo ein besonders kühner Schwung sich seiner Seele in ihrer Gesellschaft bemächtigt hatte, und die mächtige Liebe auf dem Rückwege ihre jungfräuliche Zurückhaltung mehr als gewöhnlich überwand, so daß sie beyde ohne selbst zu wissen wie einander in die Arme sanken, und der erste glühende Kuß sie auf ewig zusammenschmelzte, fing mit einbrechender Dämmerung ein gewaltiger Sturm in den Gipfeln der Bäume plötzlich zu toben an. Drohende Wetterwolken zogen mit tiefem nächtlichen Dunkel über sie her. Er eilte sie in Sicherheit vor dem fürchterlichen Ungewitter und den brechenden Bäumen zu bringen: aber er verfehlte in der Nacht und voll Angst wegen seiner Geliebten den Weg, und gerieth immer tiefer in den Wald hinein. Seine Angst wuchs, wie er seinen Irrthum bemerkte. Die Prinzessin dachte an das Schrecken des Königs und des Hofes; eine unnennbare Ängstlichkeit fuhr zuweilen, wie ein zerstörender Strahl, durch ihre Seele, und nur die Stimme ihres Geliebten, der ihr unaufhörlich Trost zusprach, gab ihr Muth und Zutrauen zurück, und erleichterte ihre beklommne Brust. Der Sturm wüthete fort; alle Bemühungen den Weg zu finden waren vergeblich, und sie priesen sich beyde glücklich, bey der Erleuchtung eines Blitzes eine nahe Höhle an dem steilen

Abhang eines waldigen Hügels zu entdecken, wo sie eine sichere Zuflucht gegen die Gefahren des Ungewitters zu finden hofften, und eine Ruhestätte für ihre erschöpften Kräfte. Das Glück begünstigte ihre Wünsche. Die Höhle war trocken und mit reinlichem Moose bewachsen. Der Jüngling zündete schnell ein Feuer von Reisern und Moos an, woran sie sich trocknen konnten, und die beyden Liebenden sahen sich nun auf eine wunderbare Weise von der Welt entfernt, aus einem gefahrvollen Zustande gerettet, und auf einem bequemen, warmen Lager allein nebeneinander.

Ein wilder Mandelstrauch hing mit Früchten beladen in die Höhle hinein, und ein nahes Rieseln ließ sie frisches Wasser zur Stillung ihres Durstes finden. Die Laute hatte der Jüngling mitgenommen, und sie gewährte ihnen jetzt eine aufheiternde und beruhigende Unterhaltung bey dem knisternden Feuer. Eine höhere Macht schien den Knoten schneller lösen zu wollen, und brachte sie unter sonderbaren Umständen in diese romantische Lage. Die Unschuld ihrer Herzen, die zauberhafte Stimmung ihrer Gemüther, und die verbundene unwiderstehliche Macht ihrer süßen Leidenschaft und ihrer Jugend ließ sie bald die Welt und ihre Verhältnisse vergessen, und wiegte sie unter dem Brautgesange des Sturms und den Hochzeitfackeln der Blitze in den süßesten Rausch ein, der je ein sterbliches Paar beseligt haben mag. Der Anbruch des lichten blauen Morgens war für sie das Erwachen in einer neuen seligen Welt. Ein Strom heißer Thränen, der jedoch bald aus den Augen der Prinzessin hervorbrach, verrieth ihrem Geliebten die erwachenden tausendfachen Bekümmernisse ihres Herzens. Er war in dieser Nacht um mehrere Jahre älter, aus einem Jünglinge zum Manne geworden. Mit überschwenglicher Begeisterung tröstete er seine Geliebte, erinnerte sie an die Heiligkeit der wahrhaften Liebe, und an den hohen Glauben, den sie einflöße, und bat sie, die heiterste Zukunft von dem Schutzgeist ihres Herzens mit Zuversicht zu erwarten. [...]

Die sehr bald sichtbar werdenden Folgen dieser Begegnung nötigen die Prinzessin, dem väterlichen Hof zu entfliehen. Bei dem jungen Mann und seinem ebenfalls naturkundigen Vater findet sie Unterkunft, am Königshof aber herrscht tiefe Trauer über das unerklärliche Verschwinden der Königstochter. Erst ein Jahr später kommt dann ein Sänger mit einer Laute sowie einer »verschleierten weiblichen Gestalt« und einem »wunderschönen Kinde« an den Königshof und singt dort zunächst ein Lied über »Liebe und Poesie« und die »Wiederkehr eines ewigen goldenen Zeitalters«, legt also sozusagen die theoretischen Fundamente (das Lied wird nur referiert) für das, was ihm unmittelbar und sehr wörtlich am Herzen liegt. Darauf nun folgt im Roman als Gedichteinlage Novalis' Ballade vom Sänger und dem König. Beide geraten, wie sich zeigt, in ein enges, vertrautes, ja familiäres Verhältnis zueinander, ganz im Gegensatz zu jenem Sänger in Goethes Ballade, der sich stolz und selbstbewußt von König und Hof abwendete.

[Die Ballade vom Sänger und dem König]

Der Sänger geht auf rauhen Pfaden,
Zerreißt in Dornen sein Gewand;
Er muß durch Fluß und Sümpfe baden,
Und keins reicht hülfreich ihm die Hand.
Einsam und pfadlos fließt in Klagen
Jetzt über sein ermattet Herz;
Er kann die Laute kaum noch tragen,
Ihn übermannt ein tiefer Schmerz.

Ein traurig Loos ward mir beschieden,
Ich irre ganz verlassen hier,
Ich brachte Allen Lust und Frieden,
Doch keiner theilte sie mit mir.
Es wird ein jeder seiner Habe
Und seines Lebens froh durch mich;
Doch weisen sie mit karger Gabe
Des Herzens Forderung von sich.

Man läßt mich ruhig Abschied nehmen,
Wie man den Frühling wandern sieht;
Es wird sich keiner um ihn grämen,
Wenn er betrübt von dannen zieht.
Verlangend sehn sie nach den Früchten,
Und wissen nicht, daß er sie sät;
Ich kann den Himmel für sie dichten,
Doch meiner denkt nicht Ein Gebet.

Ich fühle dankbar Zaubermächte
An diese Lippen festgebannt.
O! knüpfte nur an meine Rechte
Sich auch der Liebe Zauberband.
Es kümmert keine sich des Armen,
Der dürftig aus der Ferne kam;
Welch Herz wird Sein sich noch erbarmen
Und lösen seinen tiefen Gram?

Er sinkt im hohen Grase nieder,
Und schläft mit nassen Wangen ein;
Da schwebt der hohe Geist der Lieder
In die beklemmte Brust hinein:

Vergiß anjetzt, was du gelitten,
In Kurzem schwindet deine Last,
Was du umsonst gesucht in Hütten,
Das wirst du finden im Palast.

Du nahst dem höchsten Erdenlohne,
Bald endigt der verschlungne Lauf;
Der Myrthenkranz wird eine Krone,
Dir setzt die treuste Hand sie auf.
Ein Herz voll Einklang ist berufen
Zur Glorie um einen Thron;
Der Dichter steigt auf rauhen Stufen
Hinan, und wird des Königs Sohn.

Der Sänger fährt aus schönen Träumen
Mit froher Ungeduld empor;
Er wandelt unter hohen Bäumen
Zu des Pallastes ehrnem Thor.
Die Mauern sind wie Stahl geschliffen,
Doch sie erklimmt sein Lied geschwind,
Es steigt von Lieb' und Weh ergriffen
Zu ihm hinab des Königs Kind.

Die Liebe drückt sie fest zusammen,
Der Klang der Panzer treibt sie fort;
Sie lodern auf in süßen Flammen,
Im nächtlich stillen Zufluchtsort.
Sie halten furchtsam sich verborgen,
Weil sie der Zorn des Königs schreckt;
Und werden nun von jedem Morgen
Zu Schmerz und Lust zugleich erweckt.

Der Sänger spricht mit sanften Klängen
Der neuen Mutter Hoffnung ein;
Da tritt, gelockt von den Gesängen
Der König in die Kluft hinein.
Die Tochter reicht in goldnen Locken
Den Enkel von der Brust ihm hin;
Sie sinken reuig und erschrocken,
Und mild zergeht sein strenger Sinn.

Der Liebe weicht und dem Gesange
Auch auf dem Thron ein Vaterherz,
Und wandelt bald in süßem Drange
Zu ewger Lust den tiefen Schmerz.
Die Liebe giebt, was sie entrissen,
Mit reichem Wucher bald zurück,
Und unter den Versöhnungsküssen
Entfaltet sich ein himmlisch Glück.

Geist des Gesangs, komm du hernieder,
Und steh auch jetzt der Liebe bey;
Bring die verlorne Tochter wieder,
Daß ihr der König Vater sey! –
Daß er mit Freuden sie umschließet,
Und seines Enkels sich erbarmt,
Und wenn das Herz ihm überfließet,
Den Sänger auch als Sohn umarmt.

(I, 221 f., 225-228. Aus: Heinrich von Ofterdingen)

Liebe ist der Grund der Möglichkeit der Magie. Die Liebe wirckt magisch. [...]

Alle Romane, wo wahre Liebe vorkommt, sind *Mährchen – magische Begebenheiten.*

Sollte jede *Umarmung* zugleich die Umarmung des ganzen *Paars* – als Einer Natur, mit Einer Kunst (Einem Geiste) seyn und das Kind das vereinigte Produkt der doppelten Umarmung. (III, 255)

Bedeutender Zug in vielen Mährchen, daß wenn Ein Unmögliches möglich wird – zugl[eich] ein andres Unmögliche unerwartet möglich wird – daß wenn der Mensch sich selbst überwindet, er auch die Natur zugleich überwindet – und ein Wunder vorgeht, das ihm das Entgegengesetzte Angenehme gewährt, in dem Augenblicke als ihm das entgegengesetzte Unangenehme angenehm ward. Die *Zauberbedingungen* z. B. die Verwandl[ung] des Bären in einen Prinzen, in dem Augenblicke, als der Bär geliebt wurde etc. [...] Vielleicht geschähe eine ähnliche Verwandlung, wenn der Mensch das *Übel* in der Welt liebgewänne – in dem Augenblicke, als ein Mensch die Kranckheit oder den Schmerz zu lieben anfienge, läge die reitzendste Wollust in seinen Armen – die höchste positive Lust durchdränge ihn. Könnte *Kranckheit* nicht ein Mittel höherer Synthesis seyn – je fürchterlicher d[er] Schmerz desto höher die darinn verborgene Lust. (*Harmonie.*) Jede Kranckheit ist vielleicht nothwendiger *Anfang* der innigern Verbindung 2er Wesen –

der nothw[endige] Anfang der Liebe. Enthusiasmus für Kranckheiten und Schmerzen. Tod – eine nähere Verbindung liebender Wesen. (III, 389)

Jede Künstliche Gestalt – jeder erfundene Karacter hat mehr oder weniger *Leben* – und Ansprüche und Hoffnungen des Lebens. Die Gallerieen sind Schlafkammern der zukünftigen Welt. –

Der Historiker, der Philosoph und der Künstler der zukünftigen Welt ist hier *einheimisch* – er bildet sich hier und er lebt für diese Welt. Wer unglücklich in der jetzigen Welt ist, wer nicht findet, was er sucht – der gehe in die Bücher und Künstlerwelt – in die Natur – diese ewige *Antike* und *Moderne* zugl[eich] – und lebe in dieser Ecclesia pressa der bessern Welt. Eine Geliebte und einen Freund – Ein Vaterland, und einen Gott findet er hier gewiß – Sie schlummern, aber weissagenden, vielbedeutenden Schlummer. Einst kommt die Zeit, wo jeder Eingeweihte der bessern Welt, wie Pygmalion, seine um sich geschaffne und versammelte Welt, mit der Glorie einer höhern Morgenröthe, erwachen und seine lange Treue und Liebe erwiedern sieht. (III, 398)

Mit der Bildung und Fertigkeit des Denkers, *wächst* die *Freyheit.*

Freyheit und Liebe ist Eins.

Die Mannichfaltigkeit der Methoden nimmt zu – am Ende weiß der Denker aus *Jedem Alles* zu machen – der

---

Ecclesia pressa = »*unterdrückte Kirche*« *nannte sich die katholische Kirche in Ländern, wo sie in weltlichen Dingen an Staatsgesetze gebunden war.*

Phil[osoph] wird zum *Dichter*. *Dichter* ist nur der höchste
Grad des Denkers, oder Empfinders etc.   (III, 406)

Liebe und	[Liebe und]	[Liebe und]
Ehrsucht.	Religion.	Kranckheit.
und Rache.	– Demuth.	– Grobheit.
und Haß.	– Freude.	– Empfindlichkeit.
und Furcht.	– Trübsinn.	– Zwang.
und Wahnsinn	– Größe.	– lange Liebe.
und Alter.	– Philisterey.	– verkehrte Liebe.
und Kindheit.	– Leichtsinn.	treue –
und Schönheit.	– Ernst.	leidenschaftliche –
und Häßlichkeit.	– Thätigkeit.	ruhige –
und Stolz.	– Müßiggang.	sinnliche –
	– Wunderkraft.	unsinnliche Liebe
		ehmalige –
		künftige –
		zerstörende –
		schaffende –
		poëtische –

                                              (III, 582)

Briefe an Julien – *Fantasieen der Liebe.*

Ungeschicklickeit der Liebe	Ämsigkeit [der Liebe]
Blödigkeit –	Glauben –
Ängstlichkeit –	Poësie –
Unschuld –	Leben –
Einfalt –	Wehmuth –
Großmuth –	Freude –
Haß –	Genuß –
Grausamkeit –	Geschichte –

Veränderlichkeit –	Bedeutung –
Verstand –	Stufen –
Fantasie –	Abänderungen –
Gedächtniß –	Verwandtschaften –
Witz –	Kennzeichen –
Gesprächigkeit –	Eitelkeit –
Stummheit –	Mystizism –
Religiositaet –	Philosophie –
Faulheit –	Mittel –

(III, 641)

Witziger Umgang in der Liebe.   (III, 684)

Die Liebe hat von jeher Romane gespielt, oder die Kunst zu lieben ist immer romantisch gewesen.   (III, 694)

»Die Liebe ist stumm, nur die Poesie kann für sie sprechen«

Im Verlauf des Romans ist Heinrich von Ofterdingen in Gemeinschaft mit seiner Mutter zu deren Vater nach Augsburg gereist. Dort begegnet er Mathilde und ihrem Vater, dem Dichter Klingsohr. Durch Mathilde erfährt er zum erstenmal die Liebe, Klingsohr aber eröffnet ihm die Poesie.

Das Gespräch zwischen Heinrich und Mathilde ist ein Höhepunkt von Novalis' Kunst. Lebensthemen – Liebe, Poesie, Tod und Religion – sind darin wie in einer Fuge verschränkt und zu einem Ganzen gestaltet. Im Erstdruck des Romans ist der Dialog fortlaufend gesetzt. Die Absetzung der beiden Stimmen gegeneinander dürfte jedoch die kompositorische Verschränkung von Sprachmusik und Gedankenführung spürbarer und bewußter machen.

Es ist recht übel, sagte Klingsohr, daß die Poesie einen besondern Namen hat, und die Dichter eine besondere Zunft ausmachen. Es ist gar nichts besonderes. Es ist die eigenthümliche Handlungsweise des menschlichen Geistes. Dichtet und trachtet nicht jeder Mensch in jeder Minute? – Eben trat Mathilde in's Zimmer, als Klingsohr noch sagte: Man betrachte nur die Liebe. Nirgends wird wohl die Nothwendigkeit der Poesie zum Bestand der Menschheit so klar, als in ihr. Die Liebe ist stumm, nur die Poesie kann für sie sprechen. Oder die Liebe ist selbst nichts, als die höchste Naturpoesie. Doch ich will dir nicht Dinge sagen, die du besser weißt als ich.

Du bist ja der Vater der Liebe, sagte Heinrich, indem er Mathilden umschlang, und beyde seine Hand küßten.

Klingsohr umarmte sie und ging hinaus.

Liebe Mathilde, sagte Heinrich nach einem langen Kusse, es ist mir wie ein Traum, daß du mein bist, aber noch wunderbarer ist mir es, daß du es nicht immer gewesen bist. –

Mich dünkt, sagte Mathilde, ich kennte dich seit undenklichen Zeiten. –

Kannst du mich denn lieben? –

Ich weiß nicht, was Liebe ist, aber das kann ich dir sagen, daß mir ist, als finge ich erst jetzt zu leben an, und daß ich dir so gut bin, daß ich gleich für dich sterben wollte. –

Meine Mathilde, erst jetzt fühle ich, was es heißt unsterblich zu seyn. –

Lieber Heinrich, wie unendlich gut bist du, welcher herrliche Geist spricht aus dir. Ich bin ein armes, unbedeutendes Mädchen.-

Wie du mich tief beschämst! bin ich doch nur durch dich, was ich bin. Ohne dich wäre ich nichts. Was ist ein Geist ohne Himmel, und du bist der Himmel, der mich trägt und erhält. –

Welches selige Geschöpf wäre ich, wenn du so treu wärst, wie mein Vater. Meine Mutter starb kurz nach meiner Geburt; Mein Vater weint fast alle Tage noch um sie. –

Ich verdiene es nicht, aber möchte ich glücklicher seyn, als er. –

Ich lebte gern recht lange an deiner Seite, lieber Heinrich. Ich werde durch dich gewiß viel besser. –

Ach! Mathilde, auch der Tod wird uns nicht trennen. –

Nein, Heinrich, wo ich bin, wirst du seyn. –

Ja wo du bist, Mathilde, werd' ich ewig seyn. –

Ich begreife nichts von der Ewigkeit, aber ich dächte, das müßte die Ewigkeit seyn, was ich empfinde, wenn ich an dich denke. –

Ja Mathilde, wir sind ewig weil wir uns lieben. –

Du glaubst nicht Lieber, wie inbrünstig ich heute früh, wie wir nach Hause kamen, vor dem Bilde der himmlischen Mutter niederkniete, wie unsäglich ich zu ihr gebetet habe. Ich glaubte in Thränen zu zerfließen. Es kam mir vor, als lächelte sie mir zu. Nun weiß ich erst was Dankbarkeit ist. –

O Geliebte, der Himmel hat dich mir zur Verehrung gegeben. Ich bete dich an. Du bist die Heilige, die meine Wünsche zu Gott bringt, durch die er sich mir offenbart, durch die er mir die Fülle seiner Liebe kund thut. Was ist die Religion, als ein unendliches Einverständniß, eine ewige Vereinigung liebender Herzen? Wo zwey versammelt sind, ist er ja unter ihnen. Ich habe ewig an dir zu athmen; meine Brust wird nie aufhören dich in sich zu ziehn. Du bist die göttliche Herrlichkeit, das ewige Leben in der lieblichsten Hülle. –

Ach! Heinrich, du weißt das Schicksal der Rosen; wirst du auch die welken Lippen, die bleichen Wangen mit Zärtlichkeit an deine Lippen drücken? Werden die Spuren des Alters nicht die Spuren der vorübergegangenen Liebe seyn? –

O! könntest du durch meine Augen in mein Gemüth sehn! aber du liebst mich und so glaubst du mir auch. Ich begreife das nicht, was man von der Vergänglichkeit der Reitze sagt. O! sie sind unverwelklich. Was mich so unzertrennlich zu dir zieht, was ein ewiges Verlangen in mir geweckt hat, das ist nicht aus dieser Zeit. Könntest du nur sehn, wie du mir erscheinst, welches wunderbare Bild deine Gestalt durchdringt und mir überall entgegen leuchtet, du würdest kein Alter fürchten. Deine irdische Gestalt ist nur ein Schatten dieses Bildes. Die irdischen Kräfte ringen und quellen um es festzuhalten, aber die Natur ist noch unreif; das Bild ist ein ewiges Urbild, ein Theil der unbekannten heiligen Welt. –

Ich verstehe dich, lieber Heinrich, denn ich sehe etwas Ähnliches, wenn ich dich anschaue. –

Ja Mathilde, die höhere Welt ist uns näher, als wir gewöhnlich denken. Schon hier leben wir in ihr, und wir erblicken sie auf das Innigste mit der irdischen Natur verwebt. –

Du wirst mir noch viel herrliche Sachen offenbaren, Geliebtester. –

O! Mathilde, von dir allein kommt mir die Gabe der Weißsagung. Alles ist ja dein, was ich habe; deine Liebe wird mich in die Heiligthümer des Lebens, in das Allerheiligste des Gemüths führen; du wirst mich zu den höchsten Anschauungen begeistern. Wer weiß, ob unsre Liebe nicht dereinst noch zu Flammenfittichen wird, die uns aufheben, und uns in unsre himmlische Heimath tragen, ehe das Alter und der Tod uns erreichen. Ist es nicht schon ein Wunder, daß du mein bist, daß ich dich in meinen Armen halte, daß du mich liebst und ewig mein seyn willst? –

Auch mir ist jetzt alles glaublich, und ich fühle ja so deutlich eine stille Flamme in mir lodern; wer weiß, ob sie uns nicht verklärt, und die irdischen Banden allmählich auflöst. Sage mir nur, Heinrich, ob du auch schon das grenzenlose Vertrauen zu mir hast, was ich zu dir habe. Noch nie hab' ich so etwas gefühlt, selbst nicht gegen meinen Vater, den ich doch so unendlich liebe. –

Liebe Mathilde, es peinigt mich ordentlich, daß ich dir nicht alles auf einmal sagen, daß ich dir nicht gleich mein ganzes Herz auf einmal hingeben kann. Es ist auch zum erstenmal in meinem Leben, daß ich ganz offen bin. Keinen Gedanken, keine Empfindung kann ich vor dir mehr geheim haben; du mußt alles wissen. Mein ganzes Wesen soll sich mit dem deinigen vermischen. Nur die grenzenloseste Hingebung kann meiner Liebe genügen. In ihr besteht sie ja. Sie ist ja ein geheimnißvolles Zusammenfließen unsers geheimsten und eigenthümlichsten Daseyns. –

Heinrich, so können sich noch nie zwey Menschen geliebt haben. –

Ich kanns nicht glauben. Es gab ja noch keine Mathilde. –

Auch keinen Heinrich. –

Ach! schwör es mir noch einmal, daß du ewig mein bist; die Liebe ist eine endlose Wiederholung. –

Ja, Heinrich, ich schwöre ewig dein zu seyn, bey der unsichtbaren Gegenwart meiner guten Mutter. –

Ich schwöre ewig dein zu seyn, Mathilde, so wahr die Liebe die Gegenwart Gottes bey uns ist. –

Eine lange Umarmung, unzählige Küsse besiegelten den ewigen Bund des seligen Paars.

(I, 287-290. Aus: Heinrich von Ofterdingen)

12. »Hinunter zu der süßen Braut«

Die *Hymnen an die Nacht* nicht vollständig, sondern nur in Teilen vorzustellen, mag als Sakrileg erscheinen. Aber oft kann der Ausschnitt aus einem Gemälde Bedeutsames an etwas Einzelnem sichtbar machen, das vielleicht im Bild als Ganzem übersehen würde. Die *Hymnen* sind Novalis' gewichtigstes und originellstes lyrisches Werk, das am Ausgang eines Zeitalters der Aufklärung durch die Aufwertung der Nacht gegenüber dem Licht provozierte, so wenig es sich in einer Entgegensetzung beider erschöpfte.

Nirgends in seinem Werk wird die Weite seines Verständnisses der Liebe deutlicher als hier, wo physische »Wollust«, persönliche Transzendenzerfahrung in der Liebe – die 3. *Hymne* enthält ein Echo seiner Aufzeichnung im *Journal* vom 13. Mai 1797 (S. 46) – und religiöser Eros auf höchst kunstvolle Weise miteinander verschmolzen werden.

[Aus den »Hymnen an die Nacht«]

[...]

Was quillt auf einmal so ahndungsvoll unterm Herzen, und verschluckt der Wehmuth weiche Luft? Hast auch du ein Gefallen an uns, dunkle Nacht? Was hältst du unter deinem Mantel, das mir unsichtbar kräftig an die Seele geht? Köstlicher Balsam träuft aus deiner Hand, aus dem Bündel Mohn. Die schweren Flügel des Gemüths hebst du empor. Dunkel und unaussprechlich fühlen wir uns bewegt – ein ernstes Antlitz seh ich froh erschrocken, das sanft und andachtsvoll sich zu mir neigt, und unter unendlich verschlungenen Locken der Mutter liebe Jugend zeigt. Wie arm und kindisch dünkt mir das Licht nun – wie erfreulich und gesegnet des Tages Abschied – Also nur darum, weil die Nacht dir abwendig macht die Dienenden, säetest du in des Raumes Weiten die leuchtenden Kugeln, zu verkünden deine Allmacht – deine Wiederkehr – in den Zeiten deiner Entfernung. Himmlischer, als jene blitzenden Sterne, dünken uns die unendlichen Augen, die die Nacht in uns geöffnet. Weiter sehn sie, als die blässesten jener zahllosen Heere – unbedürftig des Lichts durchschaun sie die Tiefen eines liebenden Gemüths – was einen höhern Raum mit unsäglicher Wollust füllt. Preis der Weltköniginn, der hohen Verkündigerinn heiliger Welten, der Pflegerinn seliger Liebe – sie sendet mir dich – zarte Geliebte – liebliche Sonne der Nacht – nun wach ich – denn ich bin Dein und Mein – du hast die Nacht mir zum Leben verkündet – mich zum Menschen gemacht – zehre mit Geisterglut meinen Leib, daß ich luftig mit dir inniger mich mische und dann ewig die Brautnacht währt.

Einst da ich bittre Thränen vergoß, da in Schmerz aufgelöst
meine Hoffnung zerrann, und ich einsam stand am dürren
Hügel, der in engen, dunkeln Raum die Gestalt meines Lebens barg – einsam, wie noch kein Einsamer war, von
unsäglicher Angst getrieben – kraftlos, nur ein Gedanken
des Elends noch. – Wie ich da nach Hülfe umherschaute,
vorwärts nicht konnte und rückwärts nicht, und am fliehen-
den, verlöschten Leben mit unendlicher Sehnsucht hing: –
da kam aus blauen Fernen – von den Höhen meiner alten
Seligkeit ein Dämmerungsschauer – und mit einemmale riß
das Band der Geburt – des Lichtes Fessel. Hin floh die irdische Herrlichkeit und meine Trauer mit ihr – zusammen
floß die Wehmuth in eine neue, unergründliche Welt – du
Nachtbegeisterung, Schlummer des Himmels kamst über
mich – die Gegend hob sich sacht empor; über der Gegend
schwebte mein entbundner, neugeborner Geist. Zur Staub-
wolke wurde der Hügel – durch die Wolke sah ich die
verklärten Züge der Geliebten. In ihren Augen ruhte die
Ewigkeit – ich faßte ihre Hände, und die Thränen wurden
ein funkelndes, unzerreißliches Band. Jahrtausende zogen
abwärts in die Ferne, wie Ungewitter. An ihrem Halse weint
ich dem neuen Leben entzückende Thränen. – Es war der
erste, einzige Traum – und erst seitdem fühl ich ewigen, un-
wandelbaren Glauben an den Himmel der Nacht und sein
Licht, die Geliebte.

4.

[...]
Hinüber wall ich,
Und jede Pein
Wird einst ein Stachel

Der Wollust seyn.
Noch wenig Zeiten,
So bin ich los,
Und liege trunken
Der Lieb' im Schooß.
Unendliches Leben
Wogt mächtig in mir
Ich schaue von oben
Herunter nach dir.
An jenem Hügel
Verlischt dein Glanz –
Ein Schatten bringet
Den kühlenden Kranz.
Oh! sauge, Geliebter,
Gewaltig mich an,
Daß ich entschlummern
Und lieben kann.
Ich fühle des Todes
Verjüngende Flut,
Zu Balsam und Aether
Verwandelt mein Blut –
Ich lebe bey Tage
Voll Glauben und Muth
Und sterbe die Nächte
In heiliger Glut.

5.

[...]
Gehoben ist der Stein –
Die Menschheit ist erstanden –
Wir alle bleiben dein
Und fühlen keine Banden.

Der herbste Kummer fleucht
Vor deiner goldnen Schaale,
Wenn Erd und Leben weicht
Im letzten Abendmahle.

Zur Hochzeit ruft der Tod –
Die Lampen brennen helle –
Die Jungfraun sind zur Stelle –
Um Oel ist keine Noth –
Erklänge doch die Ferne
Von deinem Zuge schon,
Und ruften uns die Sterne
Mit Menschenzung' und Ton.

Nach dir, Maria, heben
Schon tausend Herzen sich.
In diesem Schattenleben
Verlangten sie nur dich.
Sie hoffen zu genesen
Mit ahndungsvoller Lust –
Drückst du sie, heilges Wesen,
An deine treue Brust.

So manche die sich glühend
In bittrer Qual verzehrt
Und dieser Welt entfliehend
Nach dir sich hingekehrt;
Die hülfreich uns erschienen
In mancher Noth und Pein –
Wir kommen nun zu ihnen
Um ewig da zu seyn.

Nun weint an keinem Grabe,
Für Schmerz, wer liebend glaubt,
Der Liebe süße Habe
Wird keinem nicht geraubt –
Die Sehnsucht ihm zu lindern,
Begeistert ihn die Nacht –
Von treuen Himmelskindern
Wird ihm sein Herz bewacht.

Getrost, das Leben schreitet
Zum ewgen Leben hin;
Von innrer Glut geweitet
Verklärt sich unser Sinn.
Die Sternwelt wird zerfließen
Zum goldnen Lebenswein,
Wir werden sie genießen
Und lichte Sterne seyn.

Die Lieb' ist frey gegeben,
Und keine Trennung mehr.
Es wogt das volle Leben
Wie ein unendlich Meer.
Nur Eine Nacht der Wonne –
Ein ewiges Gedicht –
Und unser aller Sonne
Ist Gottes Angesicht.

6.
Sehnsucht nach dem Tode

Hinunter in der Erde Schooß,
Weg aus des Lichtes Reichen,
Der Schmerzen Wuth und wilder Stoß
Ist froher Abfahrt Zeichen.
Wir kommen in dem engen Kahn
Geschwind am Himmelsufer an.

Gelobt sey uns die ewge Nacht,
Gelobt der ewge Schlummer.
Wohl hat der Tag uns warm gemacht,
Und welk der lange Kummer.
Die Lust der Fremde ging uns aus,
Zum Vater wollen wir nach Haus.

Was sollen wir auf dieser Welt
Mit unsrer Lieb' und Treue.
Das Alte wird hintangestellt,
Was soll uns dann das Neue.
Oh! einsam steht und tiefbetrübt,
Wer heiß und fromm die Vorzeit liebt.

Die Vorzeit, wo die Sinne licht
In hohen Flammen brannten,
Des Vaters Hand und Angesicht
Die Menschen noch erkannten.
Und hohen Sinns, einfältiglich
Noch mancher seinem Urbild glich.

Die Vorzeit, wo noch blüthenreich
Uralte Stämme prangten,
Und Kinder für das Himmelreich
Nach Quaal und Tod verlangten.
Und wenn auch Lust und Leben sprach,
Doch manches Herz für Liebe brach.

Die Vorzeit, wo in Jugendglut
Gott selbst sich kundgegeben
Und frühem Tod in Liebesmuth
Geweiht sein süßes Leben.
Und Angst und Schmerz nicht von sich trieb,
Damit er uns nur theuer blieb.

Mit banger Sehnsucht sehn wir sie
In dunkle Nacht gehüllet,
In dieser Zeitlichkeit wird nie
Der heiße Durst gestillet.
Wir müssen nach der Heymat gehn,
Um diese heilge Zeit zu sehn.

Was hält noch unsre Rückkehr auf,
Die Liebsten ruhn schon lange.
Ihr Grab schließt unsern Lebenslauf,
Nun wird uns weh und bange.
Zu suchen haben wir nichts mehr –
Das Herz ist satt – die Welt ist leer.

Unendlich und geheimnißvoll
Durchströmt uns süßer Schauer –
Mir däucht, aus tiefen Fernen scholl
Ein Echo unsrer Trauer.

Die Lieben sehnen sich wohl auch
Und sandten uns der Sehnsucht Hauch.

Hinunter zu der süßen Braut,
Zu Jesus, dem Geliebten –
Getrost, die Abenddämmrung graut
Den Liebenden, Betrübten.
Ein Traum bricht unsre Banden los
Und senkt uns in des Vaters Schooß.

(I, 131-157)

13. »Du Held der Liebe«

Was in Novalis' Werken heutzutage als *Geistliche Lieder* auftritt, hat er nicht als Zyklus entworfen und selbst nie im Druck gesehen. Entstanden sind die Gedichte zu verschiedenen Zeiten, teils 1799, teils 1800. Friedrich Schleiermachers Reden *Über die Religion* (1799) hatten ihn damals tief beeindruckt und angeregt, denn dessen Betonung von Offenbarung und Gefühl im Glauben kam den eigenen Anschauungen sehr entgegen. So entstanden Gedichte, die als Gemeindegesang gedacht waren und von denen einige tatsächlich den Weg in Gesangbücher fanden. Aber sie atmen samt und sonders auch den Geist des jungen, philosophisch gebildeten Dichters.

Einen umstrittenen Begriff Schleiermachers aufgreifend, notiert Novalis, in der Religion könne keine »Virtuositaet« stattfinden, weil sie »auf Liebe« beruhe. Es klingt, als wolle sich der nach romantischer »Universalpoesie« strebende Dichter damit ein wenig zur Ordnung rufen und die Überlegenheit von Glauben und Liebe über alle Kunstanstrengung und ästhetische Programmatik betonen. In der Tat: sein Christentum als eine Religion der Liebe hatte so tiefe Wurzeln in seiner gesamten Lebenserfahrung, daß hier von poetischem Spiel nicht die Rede sein kann.

Dennoch ist Novalis' später religiöser Lyrik Virtuosität nicht abzusprechen, denn sie ist aus verschiedenen Elementen kunstvoll komponiert. In der Anrede an Christus als »Held der Liebe« wirkt die Sprache Luthers nach. Die Marienverehrung gab dem Protestanten Hardenberg Gelegenheit, weibliche Göttlichkeit zu feiern, hatte er doch durch den Tod einer jungen Geliebten einen eigenen Weg zum

Christentum gefunden. Und das »Lied der Toten« schließlich ist mit seiner suggestiven, aus pietistischen Quellen
gespeisten Bildersprache ein so formvollendetes und zugleich sinnreiches Gedicht, daß man nichts Besseres aussu-
chen könnte, um Virtuosität in der Literatur zu illustrie-
ren.

[Ich weiß nicht, was ich suchen könnte]

Ich weiß nicht, was ich suchen könnte,
Wär jenes liebe Wesen mein,
Wenn er mich seine Freude nennte,
Und bei mir wär', als wär' ich sein.

So Viele gehn umher und suchen
Mit wild verzerrtem Angesicht,
Sie heißen immer sich die Klugen,
Und kennen diesen Schatz doch nicht.

Der Eine denkt, er hat's ergriffen,
Und was er hat, ist nichts als Gold;
Der will die ganze Welt umschiffen,
Nichts als ein Nahme wird sein Sold.

Der läuft nach einem Siegerkranze
Und Der nach einem Lorbeerzweig,
Und so wird von verschiednem Glanze
Getäuscht ein jeder, keiner reich.

Hat er sich euch nicht kund gegeben?
Vergaßt ihr, wer für euch erblich?
Wer uns zu Lieb' aus diesem Leben
In bittrer Qual verachtet wich?

Habt ihr von ihm denn nichts gelesen,
Kein armes Wort von ihm gehört?
Wie himmlisch gut er uns gewesen,
Und welches Gut er uns bescheert?

Wie er vom Himmel hergekommen,
Der schönsten Mutter hohes Kind?
Welch Wort die Welt von ihm vernommen,
Wie viel durch ihn genesen sind?

Wie er von Liebe nur beweget
Sich ganz uns hingegeben hat,
Und in die Erde sich geleget
Zum Grundstein einer Gottesstadt?

Kann diese Bothschaft euch nicht rühren,
Ist so ein Mensch euch nicht genug,
Und öffnet ihr nicht eure Thüren
Dem, der den Abgrund zu euch schlug?

Laßt ihr nicht alles willig fahren,
Thut gern auf jeden Wunsch Verzicht,
Wollt euer Herz nur ihm bewahren,
Wenn er euch seine Huld verspricht?

Nimm du mich hin, du Held der Liebe!
Du bist mein Leben, meine Welt,
Wenn nichts vom Irdischen mir bliebe,
So weiß ich, wer mich schadlos hält.

Du gibst mir meine Lieben wieder,
Du bleibst in Ewigkeit mir treu,
Anbetend sinkt der Himmel nieder,
Und dennoch wohnest du mir bei.

(I, 172 f.)

[Wenn in bangen trüben Stunden]

Wenn in bangen trüben Stunden
Unser Herz beinah verzagt,
Wenn von Krankheit überwunden
Angst in unserm Innern nagt;
Wir der Treugeliebten denken,
Wie sie Gram und Kummer drückt,
Wolken unsern Blick beschränken,
Die kein Hoffnungsstrahl durchblickt:

O! dann neigt sich Gott herüber,
Seine Liebe kommt uns nah,
Sehnen wir uns dann hinüber,
Steht sein Engel vor uns da,
Bringt den Kelch des frischen Lebens,
Lispelt Muth und Trost uns zu;
Und wir beten nicht vergebens
Auch für die Geliebten Ruh.

(I, 175)

Das folgende Gedicht gehört in den fragmentarischen zweiten Teil des *Heinrich von Ofterdingen* und wird von Heinrich gesungen, der nach dem Tod Mathildes zu einem Pilger geworden ist.

[Liebeszähren, Liebesflammen]

1.

Liebeszähren, Liebesflammen
Fließt zusammen;
Heiligt diese Wunderstätten,
Wo der Himmel mir erschienen,
Schwärmt um diesen Baum wie Bienen
In unzähligen Gebeten.

2.

Er hat froh sie aufgenommen
Als sie kommen,
Sie geschützt vor Ungewittern;
Sie wird einst in ihrem Garten
Ihn begießen und ihn warten,
Wunder thun mit seinen Splittern.

3.

Auch der Felsen ist gesunken
Freudentrunken
Zu der selgen Mutter Füßen.
Ist die Andacht auch in Steinen
Sollte da der Mensch nicht weinen
Und sein Blut für sie vergießen?

4.

Die Bedrängten müssen ziehen
Und hier knieen,
Alle werden hier genesen.
Keiner wird fortan noch klagen
Alle werden fröhlich sagen:
Einst sind wir betrübt gewesen.

5.

Ernste Mauern werden stehen
Auf den Höhen.
In den Thälern wird man rufen
Wenn die schwersten Zeiten kommen,
Keinem sey das Herz beklommen,
Nur hinan zu jenen Stufen.

6.

Gottes Mutter und Geliebte
Der Betrübte
Wandelt nun verklärt von hinnen.
Ewge Güte, ewge Milde,
O! ich weiß du bist Mathilde
Und das Ziel von meinem Sinnen.

7.

Ohne mein verwegnes Fragen
Wirst mir sagen,
Wenn ich zu dir soll gelangen.
Gern will ich in tausend Weisen

Noch der Erde Wunder preisen,
Bis du kommst mich zu umfangen.

8.

Alte Wunder, künftige Zeiten
Seltsamkeiten,
Weichet nie aus meinem Herzen.
Unvergeßlich sey die Stelle,
Wo des Lichtes heilge Quelle
Weggespült den Traum der Schmerzen.

(I,323 f.)

Aufzeichnungen 1798-1800

Sollte[n] gewiße intellectuelle Grenzen oder Unvollkom-
menheiten der Religion wegen da seyn – wie die Hülflosigkeit der Liebe wegen. [...] (III, 418)

Warum kann in der Religion keine Virtuositaet statt finden? Weil sie auf *Liebe* beruht. Schleyermacher hat Eine Art
von Liebe, von Religion verkündigt – Eine *Kunst*religion –
beynah eine R[eligion] wie die des *Künstlers*, der die Schönheit und das Ideal verehrt. Die Liebe ist frey – Sie wählte das
Ärmste und Hülfsbedürftigste am Liebsten.

Gott nimmt sich daher der Armen und Sünder am Liebsten an. Giebt es lieblose Naturen so giebt es auch Irreli-
giöse.

Religiöse Aufgabe – *Mitleid* mit der *Gottheit zu haben* –
Unendliche Wehmuth der Religion. Sollen wir Gott lieben,

so muß er *hülfsbedürftig* seyn. Wiefern ist im Xstianismus diese Aufgabe gelößt.

Liebe zu leblosen Gegenständen. *Menschwerdung der Menschen.* Vorliebe Xsti zur Moral.   (III, 562)

Religion kann man nicht anders verkündigen, wie *Liebe* und *Patriotism.* Wenn man jemand verliebt machen wollte, wie fienge man das wohl an?   (III, 565)

Alle unsre Neigungen scheinen nichts, als angewandte Religion zu seyn. Das Herz scheint gleichsam das religioese Organ[.] Vielleicht ist das höhere Erzeugniß des produktiven Herzens – nichts anders, als der *Himmel.*

Indem sich das Herz, abgezogen von allen einzelnen wircklichen Gegenständen – sich selbst empfindet, sich selbst zu einem idealischen Gegenstande macht, entsteht Religion – Alle einzelne Neigungen vereinigen sich in Eine – deren wunderbares Object – ein höheres Wesen, eine Gottheit ist – daher ächte Gottesfurcht alle Empfindungen und Neigungen umfaßt. Dieser Naturgott ißt uns, gebiert uns, spricht mit uns, erzieht uns, beschläft uns, läßt sich von uns essen, von uns zeugen und gebären; Kurz ist der unendliche Stoff unsrer Thätigkeit, und unsers Leidens.

Machen wir unsre Geliebte zu einem solchen Gott, so ist dies *angewandte Religion.*   (III, 570f.)

Tausendfache Gestalten der Liebe – der Religion. Religioese Nothwendigkeit des Teufels.   (III, 640)

Universale Darstell[ung] des Xstenthums. Liebe ist durchaus *Kranckheit* – daher die wunderbare Bedeutung des Xstenthums.   (III, 667)

Das folgende Gedicht, 1800 entstanden, fand sich in den nachgelassenen Papieren zur Fortsetzung des *Heinrich von Ofterdingen*. Der Titel stammt nicht von Novalis, sondern ist eine in der Edition seiner Werke üblich gewordene Kontamination mit einer Notiz aus dem Jahre 1799.

[Das Lied der Toten]

Lobt doch unsre stillen Feste,
Unsre Gärten, unsre Zimmer,
Das bequeme Hausgeräthe,
Unser Hab' und Gut.
Täglich kommen neue Gäste
Diese früh, die andern späte
Auf den weiten Heerden immer
Lodert frische Lebens Glut.

Tausend zierliche Gefässe
Einst bethaut mit tausend Thränen,
Goldne Ringe, Sporen, Schwerdter
Sind in unserm Schatz.
Viel Kleinodien und Juwelen
Wissen wir in dunkeln Höhlen
Keiner kann den Reichthum zählen
Zählt er auch ohn' Unterlaß.

Kinder der Vergangenheiten,
Helden aus den grauen Zeiten,
Der Gestirne Riesengeister,
Wunderlich gesellt,
Holde Frauen, ernste Meister,
Kinder, und verlebte Greise
Sitzen hier in Einem Kreise
Wohnen in der alten Welt.

Keiner wird sich je beschweren,
Keiner wünschen fortzugehen,
Wer an unsern vollen Tischen
Einmal fröhlich saß.
Klagen sind nicht mehr zu hören
Keine Wunden mehr zu sehen
Keine Thränen abzuwischen;
Ewig läuft das Stundenglas.

Tief gerührt von heilger Güte
Und versenkt in selges Schauen
Steht der Himmel im Gemüthe,
Wolkenloses Blau,
Lange fliegende Gewande
Tragen uns durch Frühlingsauen,
Und es weht in diesem Lande
Nie ein Lüftchen kalt und rauh.

Süßer Reitz der Mitternächte,
Stiller Kreis geheimer Mächte,
Wollust räthselhafter Spiele,
Wir nur kennen euch.

Wir nur sind am hohen Ziele
Bald in Strom uns zu ergießen
Dann in Tropfen zu zerfließen
Und zu nippen auch zugleich.

Uns ward erst die Liebe, Leben,
Innig wie die Elemente
Mischen wir des Daseyns Fluten
Brausend Herz mit Herz.
Lüstern scheiden sich die Fluten
Denn der Kampf der Elemente
Ist der Liebe höchstes Leben
Und des Herzens eignes Herz.

Leiser Wünsche süßes Plaudern
Hören wir allein, und schauen
Immerdar in selge Augen
Schmecken nichts als Mund und Kuß.
Alles was wir nur berühren
Wird zu heißen Balsamfrüchten
Wird zu weichen zarten Brüsten,
Opfer kühner Lust.

Immer wächst und blüht Verlangen
Am Geliebten festzuhangen
Ihn im Innern zu empfangen,
Eins mit ihm zu seyn,
Seinem Durste nicht zu wehren,
Sich in Wechsel zu verzehren,
Von einander sich zu nähren
Von einander nur allein.

So in Lieb' und hoher Wollust
Sind wir immerdar versunken
Seit der wilde trübe Funken
Jener Welt erlosch,
Seit der Hügel sich geschlossen
Und der Scheiterhaufen sprühte
Und dem schauernden Gemüthe
Nun das Erdgesicht zerfloß.

Zauber der Errinnerungen,
Heilger Wehmuth süße Schauer
Haben innig uns durchklungen
Kühlen unsre Glut.
Wunden giebts, die ewig schmerzen
Eine göttlich tiefe Trauer
Wohnt in unser aller Herzen
Lößt uns auf in Eine Flut.

Und in dieser Flut ergießen
Wir uns auf geheime Weise
In den Ozean des Lebens
Tief in Gott hinein.
Und aus seinem Herzen fließen
Wir zurück zu unserm Kreise
Und der Geist des höchsten Strebens
Taucht in unsre Wirbel ein.

Schüttelt eure goldnen Ketten
Mit Schmaragden und Rubinen,
Und die blanken saubern Spangen
Blitz und Klang zugleich.

Aus des feuchten Abgrunds Betten
Aus den Gräbern und Ruinen
Himmelsrosen auf den Wangen
Schwebt ins bunte Fabelreich.

Könnten doch die Menschen wissen
Unsre künftigen Genossen
Daß bey allen ihren Freuden
Wir geschäftig sind,
Jauchzend würden sie verscheiden
Gern das bleiche Daseyn missen –
O! die Zeit ist bald verflossen
Kommt Geliebte doch geschwind

Helft uns nur den Erdgeist binden
Lernt den Sinn des Todes fassen
Und das Wort des Lebens finden;
Einmal kehrt euch um.
Deine Macht muß bald verschwinden,
Dein erborgtes Licht verblassen,
Werden dich in kurzen binden,
Erdgeist, deine Zeit ist um.

(I, 351-355)

14. »Angewandte Liebe«

»Angewandte Liebe zu Julien« lautet eine für sich stehende Notiz auf einem Blatt mit Plänen und Beobachtungen aus dem Herbst 1799. Was mag sich Novalis, damals achtundzwanzig Jahre alt, dabei vorgestellt haben? Im Dezember 1798 hatte er sich in Freiberg mit Julie von Charpentier verlobt, und allmählich, nach dem Abschluß des Studiums und mit dem Eintritt in ein öffentliches Amt, rückte der Gedanke einer Eheschließung näher. Da war, als Altlast sozusagen, die tote Sophie von Kühn, deren Bild inzwischen durch Philosophie und Dichtung Metamorphosen erfahren hatte. Für ihn war sie zu einer Art Mythos geworden, mit dem man zwar sterben, aber nicht leben konnte. Der Tod stand zugleich im Mittelpunkt des Christentums, dessen Symbol eine Hinrichtungsstätte darstellte und dessen Lehre sich auf die Überwindung aller Endlichkeit richtete. Ein Auftrag für das rechte Leben im Glauben war jedoch darin enthalten. Außerdem aber existierte da noch der eigene Körper, der zunehmend Schwierigkeiten bereitete, denn Schwächezustände in Zusammenhang mit einer fortschreitenden, letalen Tuberkulose ließen sich nicht übersehen. So begegnen sich denn in Friedrich von Hardenbergs zweiter Bindung an eine Frau Symptome der Hoffnung und des Zweifels mit Überlegungen zum Alltag und wohl auch Sorgen hinsichtlich physischer Insuffizienz. Liebe, Leiden und die Religion nehmen gerade deshalb aus »angewandter« Sicht einen neuen, tieferen Sinn an.

Das Gedicht *Letzte Liebe* stammt, soweit sich feststellen läßt, noch aus der Freiberger Zeit, also 1798, während das fast wie ein Geistliches Lied klingende *An Julien* im Sommer 1800 geschrieben wurde.

Letzte Liebe

Also noch ein freundlicher Blick am Ende der Wallfahrt,
Ehe die Pforte des Hains leise sich hinter mir schließt.
Dankbar nehm' ich das Zeichen der treuen Begleiterin
    Liebe
Fröhlichen Muthes an, öffne das Herz ihr mit Lust.
Sie hat mich durch das Leben allein rathgebend geleitet,
Ihr ist das ganze Verdienst, wenn ich dem Guten gefolgt,
Wenn manch' zärtliches Herz dem Frühgeschiedenen
    nachweint
Und dem erfahrenen Mann Hoffnungen welken mit mir.
Noch als das Kind, im süßen Gefühl sich entfaltender
    Kräfte,
Wahrlich als Sonntagskind trat in den siebenten Lenz,
Rührte mit leiser Hand den jungen Busen die Liebe,
Weibliche Anmuth schmückt jene Vergangenheit reich.
Wie aus dem Schlummer die Mutter den Liebling weckt
    mit dem Kusse,
Wie er zuerst sie sieht und sich verständigt an ihr:
Also die Liebe mit mir – durch sie erfuhr ich die Welt
    erst,
Fand mich selber und ward, was man als Liebender
    wird.
Was bisher nur ein Spiel der Jugend war, das verkehrte
Nun sich in ernstes Geschäft, dennoch verließ sie mich
    nicht –
Zweifel und Unruh suchten mich oft von ihr zu entfernen,
Endlich erschien der Tag, der die Erziehung vollzog,

Sonntagskind = *Novalis' 7. Geburtstag, der 2. 5. 1777, war tatsächlich ein Sonntag.*

Welcher mein Schicksal mir zur Geliebten gab und auf
    ewig
Frei mich gemacht und gewiß eines unendlichen Glücks.

(I, 404)

An Julien

Daß ich mit namenloser Freude
Gefährte deines Lebens bin
Und mich mit tiefgerührten Sinn
Am Wunder deiner Bildung weide –
Daß wir aufs innigste vermählt
Und ich der Deine, du die Meine,
Daß ich von allen nur die Eine
Und diese Eine mich gewählt,
Dies danken wir dem süßen Wesen,
Das sich uns liebevoll erlesen.

O! laß uns treulich ihn verehren,
So bleiben wir uns einverleibt.
Wenn ewig seine Lieb uns treibt,
So wird nichts unser Bündniß stören.
An seiner Seite können wir
Getrost des Lebens Lasten tragen
Und selig zu einander sagen:
Sein Himmelreich beginnt schon hier,
Wir werden, wenn wir hier verschwinden,
In seinem Arm uns wiederfinden.

(I, 418 f.)

Auferweckung eines fremden Bewußtseyns, Belebung einer fremden Personalität im innern Gemüth – zum Behuf einer Ehe. (III, 576)

Angewandte Liebe zu Julien. (III, 576)

Man ist allein mit allem was man liebt. (III, 693)

Bedürfniß nach Liebe verräth schon eine vorhandene Entzweiung in uns. Bedürfniß verräth immer Schwäche.
(III, 693)

Phosphor soll eine sehr stimulirende Kraft besitzen. In Paris kurirt man Impotenzen und Erschöpfungen damit. Es wird Ph[osphor] in heißem Wasser geschüttelt – dann dieses Wasser in Kaltes gebracht – so schlägt sich ein feines Phosph[or]-Mehl nieder – dies wird mit Ey vermischt – oder in Syrup gethan und so in sehr geringen Dosen gegeben.
(III, 199)

Aehnlichkeiten v[on] Kranckheiten – Jedes Organ kann ziemlich alle Kranckheiten d[er] Andern haben. [...]
    (Aehnlichkeit des *Nasenschleims* und d[es] Saamens – ähnlicher Geruch im Catarrh – der *Galle* und d[es] *Speichels*. Des Urins und d[er] Ausdünstungsmaterie etc.) (D[as] Gehirn gleicht den Hoden.) (III, 444)

[...] Die Denkorgane sind die Weltzeugungs- die Naturgeschlechtstheile.   (III, 476)

[...] das Verfahren der Seele um Empfindungen hervorzu-
bringen. Sie scheint dies blos durch Associationen zu thun.
Wollen die gewöhnlichen Associationen nichts verschlagen,
so helfen ungewöhnliche Ass[ociationen] – z. B. bey Erregung der Geschlechtstheile.   (III, 612)

Die folgende Notiz ist Teil eines Exzerpts aus Christoph Wilhelm Hufelands *Journal der practischen Arzneykunde und Wundarzneykunst*
(1797).

Ein Pulver vom Camph[er] bey Saamenbeschwerden.
Drachm. una. Nitr. Drachm. duabus – Cryst. tart. Unc. una.
Täglich 3-4 mal, besonders vor Schlafengehn zu einem ge-
häuften Caffeelöffel genommen, in Verbindung mit kalten
Wasserumschlägen auf die Schamtheile, ebenfalls vor Schlafengehn mit nicht erhitzender, mehr vegetabilischer Diaet,
starker Bewegung des Körpers – die jedoch nicht im Rei-
ten bestehn durfte, weil die örtliche Friction das Übel ver-
mehrte. [...]
   Bey Schwäche der Schamtheile – Umschläge von Eisen-
auflösung und Waschen mit folgenden Spirit. [...]
                                                      (III, 613)

Reitzende Pflaster zur Stärkung der Geschlechtsth[eile].
[...]   (III, 616)

172

Gleiche Theile Catechusaft und Drachenblutgummi in Löf-
felkr[aut] Spirit[us] aufgelößt, mit geflossenen Myrrhenöl
vermischt – täglich das Zahnfleisch damit gepinselt gegen
schlaffes Zahnfl[eisch]
    (Nicht auch zur Stärkung des Penis?)   (V,33)

Tagebuchblätter 1800

Den 15ten April. 1800. Süße Wehmuth ist der eigentliche
Character einer ächten Liebe – das Element der Sehnsucht
und Vereinigung.

    Es giebt so manche Blumen auf dieser Welt, die überirrdi-
schen Ursprungs sind, die in diesem Klima nicht gedeihen
und eigentlich Herolde, rufende Boten eines bessern Daseyns sind. Unter diese Blumen gehört vorzüglich Religion
und Liebe.

    Das höchste Glück ist seine Geliebten gut und tugendhaft
zu wissen. Die höchste Sorge ist die Sorge für ihren Edel-
sinn.

    Aufmercksamkeit auf Gott, und Achtsamkeit auf je-
ne Momente, wo der Strahl einer himmlischen Überzeugung und Beruhigung in unsre Seelen einbricht, ist das
Wolthätigste, was man für sich und seine Lieben haben
kann.

Den 27sten Julius [1800]
    Ich will nicht klagen mehr, ich will mich froh erheben
    Und wohl zufrieden seyn mit meinem Lebenslauf.
    Ein einzger Augenblick, wo Gott sich mir gegeben,
    Wiegt Jahrelange Leiden auf.
Wenn man recht fleißig an die unendliche Unsicherheit

der menschlichen Glücksgüter denkt, so muß man endlich gleichgültig und muthig werden.

Alle *Ängstlichkeit* kommt vom *Teufel*. Der *Muth* und die *Freudigkeit* ist von Gott.

Was ist eine ängstliche Stunde, eine peinvolle Nacht, ein trüber Monat gegen die lange, glückliche Ewigkeit.

Ist denn J[ulie] glücklicher und sichrer mit mir, als mit Gott?

    Nur Glauben, Herr und Zuversicht
    So fürcht' ich mich für mich und die Geliebte nicht.
Die Zukunft ist nicht für den Kranken – nur der Blick des Gesunden kann sich dreist in ihre wunderlichen Wogen verlieren. Unglück ist der Beruf zu Gott. Heilig kann man nur durch Unglück werden, daher sich auch die alten Heiligen selbst im Unglück stürzten.

Wo Sofie und Erasmus wachen, kann ich wohl ruhig seyn.

        Laß uns unsern Herrn im Himmel loben,
        Glauben kommt und Heiterkeit von oben.
Alles was wir Zufall nennen, ist von Gott.

Mußte nicht Xstus seine Mutter auch unendlich leiden sehn. O! er weiß, wie einem zu Muthe ist, wenn man seine Geliebten leiden sieht, weil wir leiden.

Du hast so viele Lieben um dich und genießest so wenig ihre Liebe.

Die Liebe sollte eigentlich der wahre Trost und Lebensgenuß eines ächten Xsten seyn. [...]

Den 1sten Sept[ember]. Heute hatte ich einen äußerst gesegneten Tag. Nur früh einige leise Anwandlungen von Ängstlichkeit. Nachher den ganzen Tag unaussprechlich ruhig, stark, muthig, frey und gelassen. Ich habe Gott recht herzlich gedankt. Ach! Um meiner guten Julie willen; auch wegen meiner andern Lieben. [...] Die Angst ist ein Schwanken, eine Ungewisheit, meist körperlich. Der Gesunde ist immer ruhig, selbst unter den schlimmsten Umständen.

Am 6sten Sept[ember]. [...] Dem Ruhigen ist alles leicht und bequem. Alle Vorstellungen, alle Gedanken an Religion werden kräftig und erfreulich und die wahrhaft himmlische *Lust der Thätigkeit* erwacht mit Kraft.

Ich kann noch lange Blut auswerfen – aber wird das helfen, daß ich mich jedesmal von neuen ängstige. Angst schadet – Muth stärkt. So ein Zufall verliert sich nicht gleich. Des Herrn *Wille* geschehe – nicht der Meinige. Ich muß darauf gefaßt seyn und denken, es wird sich schon nach gerade verlieren. [...] Gott hilft zu allem.

(IV, 53-57)

15. »Der Liebe Reich ist aufgethan«

Die Liebe sei der Zweck der Weltgeschichte, hatte sich Novalis in seinem *Allgemeinen Brouillon* notiert und dann, um es noch definitiver zu machen, »Zweck« zu »Endzweck« korrigiert. Das »Unum des Universums« sei sie, hatte er hinzugefügt, das Eine also, was die Unendlichkeit des Weltalls zusammenhält, ihm Sinn gibt. Allerdings haben die Herausgeber seiner Schriften auf lange Zeit dieses »Unum« als »Amen« gelesen, dem Bilde eines christlichen Dichters entsprechend, das man sich von ihm machte. Erst genauer Handschriftenvergleich hat den Irrtum behoben und läßt nun auf einmal dieses »Amen« eng und flach erscheinen, eine Floskel bloß gegenüber der Aussage- und Assoziationskraft des anderen Wortes, aus dem zugleich die Stimme der Philosophie spricht. Novalis' Christlichkeit tut das keinen Abbruch, denn sie ist stets integriert in sein Denken, wenngleich oft auf höchst unorthodoxe Weise.

Immer wieder umkreisen seine Schriften aus der letzten Lebenszeit die zentrale Macht der Liebe, bilderreich und anschaulich auch in den theoretischen Schriften. Die Entstehung der Welt selbst ist ihm »eine Mysterie der Liebe«, und die Geliebte wird ins Verhältnis gesetzt zu diesem Universum, denn nie verliert sich bei Novalis die Vorstellung von Liebe gänzlich ins Abstrakte.

Liebe ist ebenso der rote Faden in einer Reihe von nachgelassenen Gedichten, die für die Fortsetzung des *Heinrich von Ofterdingen* bestimmt waren und Motive wie Themen des Romans aufgreifen. Visionen sind es am Ende, die sich ein junger Mann macht, Visionen als ein

Stück Universalpoesie, Visionen aber auch, die über die Zeiten hinweg ihren Reiz und ihre Kraft nicht verloren haben.

Die Menschheit ist der höhere Sinn unsers Planeten, der Nerv, der dieses Glied mit der obern Welt verknüpft, das Auge, was er gen Himmel hebt. (II, 565)

Je *mehr Gegenstand* – desto größer die Liebe zu ihm – einem absoluten Gegenstand kommt abs[olute] Liebe entgegen. Zu dir kehr ich zurück, edler Keppler, dessen hoher Sinn ein vergeistigtes, sittliches Weltall sich erschuf, statt daß in unsern Zeiten es für Weisheit gehalten wird – alles zu ertödten, das Hohe zu erniedrigen, statt das Niedre zu erheben – und selber den Geist des Menschen unter die Gesetze des Mechanismus zu beugen. (II, 619)

Je kleiner und langsamer man anfängt – desto perfectibler – und dis durchaus. Je *mehr man mit Wenigen* thun kann – desto mehr kann man mit Vielen thun. Wenn man *Eins zu lieben* versteht – so versteht man auch Alles zu lieben, am Besten.

Kunst, alles in *Sofieen zu verwandeln* – oder umgek[ehrt]. (III, 408)

Die Entstehung der Welt, eine Mysterie der Liebe. (III, 592)

Die Liebe ist der Endzweck der *Weltgeschichte* – das Unum des Universums. (III, 248)

Astralis

An einem Sommermorgen ward ich jung
Da fühlt ich meines eignen Lebens Puls
Zum erstenmal – und wie die Liebe sich
In tiefere Entzückungen verlohr,
Erwacht' ich immer mehr, und das Verlangen
Nach innigerer gänzlicher Vermischung
Ward dringender mit jedem Augenblick.
Wollust ist meines Daseyns Zeugungskraft.
Ich bin der Mittelpunkt, der heilge Quell,
Aus welchem jede Sehnsucht stürmisch fließt
Wohin sich jede Sehnsucht, mannichfach
Gebrochen wieder still zusammen zieht.
Ihr kennt mich nicht und saht mich werden –
Wart ihr nicht Zeugen, wie ich noch
Nachtwandler mich zum ersten Male traf
An jenem frohen Abend? Flog euch nicht
Ein süßer Schauer der Entzündung an? –
Versunken lag ich ganz in Honigkelchen.
Ich duftete, die Blume schwankte still
In goldner Morgenluft. Ein innres Quellen
War ich, ein sanftes Ringen, alles floß
Durch mich und über mich und hob mich leise.
Da sank das erste Stäubchen in die Narbe,
Denkt an den Kuß nach aufgehobnen Tisch.
Ich quoll in meine eigne Flut zurück –

Astralis = *nach Novalis der siderische, der Sternenwelt zugehörige Mensch,*
geboren aus der »ersten Umarmung Mathildes und Heinrichs«.

Es war ein Blitz – nun konnt ich schon mich regen,
Die zarten Fäden und den Kelch bewegen,
Schnell schossen, wie ich selber mich begann,
Zu irrdschen Sinnen die Gedanken an.
Noch war ich blind, doch schwankten lichte Sterne
Durch meines Wesens wunderbare Ferne,
Nichts war noch nah, ich fand mich nur von weiten,
Ein Anklang alter, so wie künftger Zeiten.
Aus Wehmut, Lieb' und Ahndungen entsprungen
War der Besinnung Wachsthum nur ein Flug,
Und wie die Wollust Flammen in mir schlug,
Ward ich zugleich vom höchsten Weh durchdrungen.
Die Welt lag blühend um den hellen Hügel,
Die Worte des Profeten wurden Flügel,
Nicht einzeln mehr nur Heinrich und Mathilde
Vereinten Beide sich zu Einem Bilde. –
Ich hob mich nun gen Himmel neugebohren,
Vollendet war das irrdische Geschick
Im seligen Verklärungsaugenblick,
Es hatte nun die Zeit ihr Recht verlohren
Und forderte, was sie geliehn, zurück.

Es bricht die neue Welt herein
Und verdunkelt den hellsten Sonnenschein.
Man sieht nun aus bemooßten Trümmern
Eine wunderseltsame Zukunft schimmern
Und was vordem alltäglich war
Scheint jetzo fremd und wunderbar.
‹Eins in allem und alles im Einen
Gottes Bild auf Kräutern und Steinen
Gottes Geist in Menschen und Thieren,
Dies muß man sich zu Gemüthe führen.

Keine Ordnung mehr nach Raum und Zeit
Hier Zukunft in der Vergangenheit⟩
Der Liebe Reich ist aufgethan
Die Fabel fängt zu spinnen an.
Das Urspiel jeder Natur beginnt
Auf kräftige Worte jedes sinnt
Und so das große Weltgemüth
Überall sich regt und unendlich blüht.
Alles muß in einander greifen
Eins durch das Andre gedeihn und reifen;
Jedes in Allen dar sich stellt
Indem es sich mit ihnen vermischet
Und gierig in ihre Tiefen fällt
Sein eigenthümliches Wesen erfrischet
Und tausend neue Gedanken erhält.
Die Welt wird Traum, der Traum wird Welt
Und was man geglaubt, es sey geschehn
Kann man von weiten erst kommen sehn.
Frei soll die Fantasie erst schalten,
Nach ihrem Gefallen die Fäden verweben
Hier manches verschleyern, dort manches entfalten,
Und endlich in magischen Dunst verschweben.
Wehmuth und Wollust, Tod und Leben
Sind hier in innigster Sympathie –
Wer sich der höchsten Lieb' ergeben,
Genest von ihren Wunden nie.
Schmerzhaft muß jenes Band zerreißen
Was sich ums innre Auge zieht,
Einmal das treuste Herz verwaisen,
Eh es der trüben Welt entflieht.
Der Leib wird aufgelöst in Thränen,
Zum weiten Grabe wird die Welt,

In das, verzehrt von bangen Sehnen,
Das Herz, als Asche, niederfällt.

(I,317-319)

Die Vermählung der Jahrszeiten

Tief in Gedanken stand der neue Monarch. Er gedachte
Jezt des nächtlichen Traums, und der Erzählungen auch,
Als er zu erst von der himmlischen Blume gehört und
     getroffen
Still von der Weißsagung, mächtige Liebe gefühlt.
Noch dünkt ihm, er höre die tiefeindringende Stimme,
Eben verließe der Gast erst den geselligen Kreis
Flüchtige Schimmer des Mondes erhellten die
     klappernden Fenster
Und in des Jünglings Brust tobe verzehrende Glut.
Edda, sagte der König, was ist des liebenden Herzens
Innigster Wunsch? was ist ihm der unsäglichste Schmerz?
Sag es, wir wollen ihm helfen, die Macht ist unser, und
     herrlich
Werde die Zeit, nun du wieder den Himmel beglückst.
Wären die Zeiten nicht so ungesellig, verbände
Zukunft mit Gegenwart und mit Vergangenheit sich,
Schlösse Frühling sich an Herbst, und Sommer an Winter,
Wäre zu spielenden Ernst Jugend mit Alter gepaart:
Dann mein süßer Gemahl versiegte die Quelle der
     Schmerzen,
Aller Empfindungen Wunsch wäre dem Herzen gewährt.
Also die Königin; freudig umschlang sie der schöne
     Geliebte;
Ausgesprochen hast du warlich ein himmlisches Wort,

Was schon längst auf den Lippen der tiefer fühlenden
    schwebte
Aber den deinigen erst rein und gedeyhlich entklang.
Führe man schnell den Wagen herbey, wir holen sie selber
Erstlich die Zeiten des Jahrs, dann auch des
    Menschengeschlechts.

(I,355)

[Wenn nicht mehr Zahlen und Figuren]

Wenn nicht mehr Zahlen und Figuren
Sind Schlüssel aller Kreaturen
Wenn die so singen, oder küssen,
Mehr als die Tiefgelehrten wissen,
Wenn sich die Welt ins freye Leben
Und in die Welt wird zurück begeben,
Wenn dann sich wieder Licht und Schatten
Zu ächter Klarheit wieder gatten,
Und man in Mährchen und Gedichten
Erkennt die wahren Weltgeschichten,
Dann fliegt vor Einem geheimen Wort
Das ganze verkehrte Wesen fort.

(I,344 f.)

Nachwort[1]

1.

»Die Liebe ist der Endzweck der *Weltgeschichte* – das Unum des Universums« (S. 179).[2] Der sechsundzwanzigjährige Novalis hat sich diese Worte im Jahre 1798 in sein »Allgemeines Brouillon« eingetragen. Wie kommt ein junger Mann zu einer solchen Vision? Was einen am meisten interessiert und bewegt, darüber spricht man am meisten. Aus den Registern zu Novalis' Werk geht hervor, daß neben Wörtern wie »Geist«, »Natur«, »Leben«, »Mensch« und »Gott« die »Liebe« tatsächlich eines der von ihm meistgebrauchten Wörter ist. Nur wissen wir allerdings auch von dessen Vieldeutigkeit. Wer differenzieren möchte, nimmt gelegentlich die alten Sprachen zu Hilfe. So hat man zu unterscheiden versucht zwischen dem elementaren »Sexus« einerseits – heutzutage meist griffiger »Sex« genannt – und der »Agape«, dem frühchristlichen Liebesmahl als Sinnbild selbstloser Gemeinschaftlichkeit, verwandt der »Caritas«, deren Namen sich sogar ein Verein angeeignet hat. Auch vom »Eros« wäre zu sprechen, nicht nur vom griechischen Liebesgott oder der allegorischen Figur im Klingsohr-Märchen, sondern ebenso von ihm als Begriff für das psychologische Faktum gegenseitiger sinnlicher und seelischer Anziehung, getrennt von der sexuellen Tätigkeit, die aus dem

---

1 Das Nachwort basiert auf einem Vortrag, der vor der Internationalen Novalis-Gesellschaft gehalten wurde (»Novalis' Erotik. Zur Geschichtlichkeit der Gefühle«. In: Herbert Uerlings (Hrsg.), Novalis und die Wissenschaften. Tübingen 1997, S. 213-233).
2 Die Angaben in Klammern beziehen sich auf die Seiten des vorliegenden Bandes.

Reproduktionstrieb des Naturwesens Mensch entspringt. Schon im Urtext aller Liebestheorie, in Platons »Gastmahl«, wird dergleichen Anziehung als »Sehnsucht und Drang nach dem Ganzen«[3] ein Medium geistiger Transzendenz.

Liebe in allen ihren Erscheinungsformen hat ebenso eine Geschichte wie das Denken, die wissenschaftliche Erkenntnis der Natur und das politische Handeln, nur daß Triebe, Affekte und Gefühle ganz offenbar anderen Gesetzen unterliegen. So läßt sich etwa behaupten, daß eine der Errungenschaften des 20. Jahrhunderts die begriffliche Erfassung der Sexualität und damit das Reden über sie geworden ist. Das hat inzwischen zu einer schier unübersehbaren Fülle von Theorien über die Liebe geführt, vor allem um ihre sexuelle oder gesellschaftliche Bedingtheit nachzuweisen, wenn nicht gar sie als Wahn oder Betrug im Dickicht der Sprache zu verdächtigen. In Zeiten weiblicher Emanzipation, die unsere Aufmerksamkeit auf die Selbstverklärung oder Gewaltausübung des Mannes gegenüber der Frau lenkt, wird das Wort »Liebe« schließlich noch eines weiteren Schleiers entledigt. Zu Novalis' Zeiten hingegen gab es das Wort »Sexualität« noch nicht. »Wollust« oder »Sinnlichkeit« in seinem Wortschatz wiederum waren ihrerseits keineswegs eindeutig, bezogen sie sich doch ebenso auf Geschlechtliches wie auf höchst Geistiges und Religiöses.

Trotz allem Widerstand der Wörter kann man mit guten Gründen Novalis einen Artisten der Erotik nennen, der manchen raffinierten Artisten des Fin de siècle hundert Jahre später kaum nachsteht und deshalb auch von diesen mit Interesse und Neugier wiederentdeckt wurde. In der Tat

3 Platon: Sokrates im Gespräch. Hrsg. von Bruno Snell. Frankfurt am Main/Hamburg 1953, S. 162.

spielt Novalis auf vielen Registern der Erotik, und sein gesamtes Werk hallt davon wider – ein Pansexualismus von beträchtlichen Ausmaßen, wenn man erst einmal zu beobachten begonnen hat. Jugendliche Liebeslust, die Unio mystica zartester seelischer Bindung, religiöser Liebesrausch und orgiastische Auflösung, Todestrieb als Todeswollust, Selbsttötung als Liebestod, Nekrophilie gar, aber auch Pädophilie, Ehebruch, Inzest, Vergewaltigung, Masturbation finden sich in seinen Schriften, und selbst so wilde Phantasien, wie sie zu gleicher Zeit der Marquis de Sade in Literatur umsetzte, waren ihm nicht fremd: ein stattlicher Katalog.

Für das sachliche Studium dieser Erotik ist es nun nötig, genau zwischen verschiedenen Diskursen, also Denk- und Sprechweisen zu unterscheiden. Persönlich-Biographisches, wie es sich in Briefen und Tagebüchern äußert, muß vom Theoretisch-Abstrakten in den kritischen und philosophischen Aufzeichnungen getrennt werden und dieses wiederum vom Literarisch-Fiktionalen im poetischen Werk. Bei Novalis gehen zwar solche Diskurse nicht selten ineinander über. Im Sinne der romantischen »Universalpoesie« seines Freundes Friedrich Schlegel und mehr noch im Sinne seiner eigenen Vision von universaler Harmonie war es ihm sogar besonders darum zu tun, sie zu verbinden, und die Verbindung ist ihm in seinem poetischen Werk nicht nur meisterlich gelungen, sondern macht überdies dessen besondere Eigenart aus. Aber erst aus dem Bewußtsein der Unterschiedlichkeit dieser Diskurse lassen sich Urteile mit größerer Sicherheit bilden.

Das im Hinblick auf Novalis' Erotik wohl extremste und mutigste Dokument ist jenes *Journal*, das er vom 18. April bis zum 6. Juli 1797 führte. Novalis' Beziehung zu Sophie von Kühn, mit der er sich zwei Tage vor ihrem dreizehnten Geburtstag verlobte, und ihr qualvolles Sterben unter den Händen der Ärzte hat seiner Biographie jenes Element des Sensationellen verliehen, das generell mit der tabuisierten Privatheit und Geheimnishaftigkeit alles Erotischen verbunden ist, hier gesteigert noch durch jenes andere große geheimnisumgebene Geschehen, den Tod. Die Mythisierung der Braut freilich ist Novalis' eigenes Werk, und zwar nicht erst seit ihrem Tode. Schon bald nach der ersten Bekanntschaft finden sich Andeutungen in seinen Briefen – »Mein Lieblingsstudium heißt im Grunde, wie meine Braut. Sofie heißt sie – Filosofie ist die Seele meines Lebens und der Schlüssel zu meinem eigensten Selbst« (S. 53) – Andeutungen, die vermuten lassen, daß Sophie und Philosophie, Eros und Idealismus für ihn von Anfang an ineinander übergingen. Aber erst im *Journal* vollzieht sich dann unmißverständlich vor unseren Augen die Einverleibung der Toten in ein messianisches Konzept. Die Geliebte wird Muse und Medium des männlichen Propheten und existiert nur noch um seinetwillen. Die Unio mystica also als männliche Augenwischerei und Selbstverklärung? Auch so ist sie betrachtet worden.

Novalis hat im *Journal* die Tage nicht nur mit dem Kalenderdatum bezeichnet, sondern zugleich auch mit der Zahl der Tage nach dem Tode Sophie von Kühns. Von Anfang an spricht er darin von dem »Entschluß« (S. 43), die Liebe zur Toten nunmehr dadurch zu vollziehen, daß er ihr auf eine nicht genau erkennbare Art nachstirbt, eben jedoch in messianischer Absicht: »Beym Grabe fiel mir ein – daß ich durch meinen Tod der Menschheit eine solche Treue bis in den Tod vorführe – Ich mache ihr gleichsam eine solche Liebe möglich« (S. 47). Gegen Ende des *Journals* steht dann als Höhepunkt dieses Messianismus die Formel »Xstus und Sophie« (S. 50). Der Anspruch ist im Grunde von blasphemischer Vermessenheit, aber erweist zugleich seine Nähe zur Vision von der Liebe als Endzweck der Weltgeschichte.

Novalis hat nun freilich sein *Journal* nicht spontan nach dem Tode der Braut begonnen. Als auslösende Faktoren treten zwei andere Ereignisse hinzu: einmal der Tod des Bruders Erasmus am 14. April, dem Karfreitag dieses Jahres, und zum anderen die christliche Ostermythe, die ihm durch die Gottesdienste in diesen Tagen besonders nahegebracht werden mußte. Der Beginn ist denn auch mit »Dienstag. 3ten Osterfeyertag« (S. 43) überschrieben. Was jedoch als allererste Eintragung darauf folgt, ist nichts weniger als verblüffend. »Früh sinnliche Regungen,« heißt es da, und der weitere Gebrauch des Wortes im *Journal* läßt keinen Zweifel daran offen, daß damit sexuelle Phantasien gemeint sind. Spekulationen über deren Art und Gegenstand sind unmöglich, wenngleich nicht ohne Verlockung. Novalis aber fährt dann fort: »Mancherley Gedanken über *Sie* und über mich. Phil[osophie] ziemlich heiter, und leicht. Der Zielgedanke« – also der bald darauf so benannte »Entschluß« – »stand ziemlich fest – Gefühl von Schwäche – aber Extension und Progression« (S. 43). Ein paar Sätze weiter wird von einem Kirchenlied und Goethes *Wilhelm Meister* gesprochen. Wie in einer Ouvertüre also sind in diesen ersten Zeilen die Hauptmotive des ganzen Tagebuchs – Trauer, Liebe, Sinnlichkeit, Philosophie, Literatur, Selbstexperimentation, Autosuggestion und Messianismus – bereits beieinander, und man wird nicht umhin können, in diesem scheinbar ganz dem persönlich-biographischen Diskurs angehörenden Dokument etwas vom komponierenden Künstler wirksam zu sehen.

Denn welchen Publizitätsstatus besaß eigentlich das *Journal*? Niemand wird insinuieren wollen, daß Novalis es von vornherein mit dem Blick auf eine Veröffentlichung begann und zu stilisieren versuchte. Ebensowenig aber waren es nur Notate zur Bewältigung seiner Trauer und zur späteren Erinnerung. Der deutlich ausgedrückte selbstgesetzte messianische Auftrag legt nahe, daß hier ein junger, über verschiedene kreative Diskurse verfügender Intellektueller und Künstler nach dem ihm Eigensten, nach Stoff und Ausdruck für sein Denken und Schreiben drängt und dies zunächst in der Überhöhung philosophischer, auf Welterklärung und ein Absolutes zielenden Erkenntnis findet. Novalis' *Journal* ist letztlich mit solcher Intention angelegt; seine Briefe zwischen dem Tod Sophie von Kühns und dem Beginn des Tagebuchs, vor allem der lange, bewegende an Caroline Just aus den Tagen vom 24. bis 28. März 1797, zeigen das deutlich. Das Ziel, über das Philosophieren hinauszugehen, nicht mehr nur »Ideenwebstuhl zu seyn« (S. 41), sondern angesichts der Realität des Todes den »Beruf zur apostolischen Würde« wahrzunehmen und zum Glauben an die »Samenideen der innersten Menschheit«[4] mit der Liebe als ihrem Kern vorzustoßen, sind darin klar ausgesprochen. Ebenso klar ist es freilich, daß in Briefen und Tagebuch nicht nur ein von der Trauer überwältigter junger Mann schreibt, sondern zugleich ein Intellektueller

---

4 HKA = Historisch-kritische Ausgabe, Bd. IV, S. 211 f. (vgl. S. 217).

und Sprachkünstler von hohen Graden, nur daß sich über die Proportion zwischen Spontaneität und bewußter Kunstanstrengung nichts sagen läßt. Jedenfalls wird sein *Journal* für Novalis durchaus zu einem Instrument induktiven, auf die Hervorrufung psychischer und womöglich sogar physischer Reaktionen gerichteten Schreibens.

Aus der pietistischen Tradition des Vaterhauses war Novalis zweifelsohne das von Zinzendorf angeregte Führen von selbstbeobachtenden Erweckungs-Diarien geläufig. Womöglich war ihm auch die Existenz, wenn nicht gar der Text von Lavaters *Geheimem Tagebuch* (1771) und dem *Tagebuch eines Beobachters seiner Selbst* (1773) bekannt, taucht doch Lavaters Name mehrfach in seinen Schriften auf. Bei Lavater allerdings dominiert ein ständiges Sündenbewußtsein aus der Überzeugung: »Ich muß, wenn ich Christo angehören will, mein Fleisch samt den Lüsten und Begierden gekreuzigt haben.«[5] In Novalis' *Journal* jedoch, das mit der Konstatierung sexueller »Regungen« anhebt und sie dann an nicht weniger als zehn weiteren Stellen mit aller Genauigkeit notiert, ist es ganz offensichtlich, daß dergleichen Sündenbewußtsein durchaus nicht vorhanden ist. Wie immer tief ihn der Tod der Braut bewegt, wie immer stark er den »Entschluß« zum messianischen Tod in sich zu fördern sucht – die heftig in ihm wirkende Sexualität betrachtet er nicht als Teil eines möglichst rasch und gründlich abzutötenden Fleisches, sondern erlaubt sie sich durchaus: »*überließ mich gänzlich der Lüsternheit*« (S. 48) oder allenfalls einschränkend: »Früh etwas aus Fichte extrahirt – ein wenig weit die Lüsternheit getrieben. Nachmittags fuhr die Mutter zur Kindtaufe mit Carolinchen nach Weißensee.« (S. 48)

5 Johann Kaspar Lavater: Tagebuch eines Beobachters seiner Selbst [1773]. Geheimes Tagebuch [1771]. Nachdruck Bern/Stuttgart 1978, S. 226.

Solche Mischung aus bürgerlichem Alltagsdetail, neugieriger, unnachsichtiger, ja exhibitionistischer Selbstbeobachtung und intellektueller Übung kennzeichnet dieses *Journal* insgesamt. Moderne Leser läßt es an die geradezu masochistische Selbstenthüllung Thomas Manns in seinen Tagebüchern denken. Tatsächlich ist Novalis von der Tagebuchschriftstellerei seines Zeitgenossen Lavater weiter entfernt als von der eines Autors, von dem ihn ein Jahrhundert trennt. Ebenso deutlich wird, daß das Motiv solcher Selbstbeobachtung nicht die Kategorisierung des Beobachteten nach Wertbegriffen von Gut und Böse ist mit dem Ziel, letzteres zu überwinden. Eher ist es der Versuch, etwas von dem zu erfassen, was menschliche Existenz in ihrer Totalität ausmacht. Zu ihr gehörte dann eben auch die »Lüsternheit« genauso wie der Alltag, der Schmerz, die Trauer, der Enthusiasmus, der Genuß nicht nur des Lebens, sondern auch des Todes, das Streben nach der »höhern, permanenten Reflexion und ihrer Stimmung« (S. 44), die versuchte Herrschaft über Gedanken und Gefühle, Geist und Körper. Deshalb ist jene Vision am Grabe von Sophie, von der so gern als Keimzelle der *Hymnen an die Nacht* geschrieben wird, im Grunde nur ein Teil dieses letztlich philosophisch induzierten Bedürfnisses nach Totalität, denn selbst mit ihr verbinden sich ja im Tagebucheintrag vom 13. Mai 1797 Lüsternheit, Alltag und Literatur, nämlich Shakespeares Tragödie des Liebestodes von Romeo und Julia.

Novalis' *Journal* stellt ein wesentliches Dokument für die Geschichte der Gefühle dar, was die Unio mystica zwischen Sophie und Philosophie der biographischen Zufälligkeit enthebt. Es ist bekannt, daß das 18. Jahrhundert eine Sprache der Emotionen entwickelt hat, die weit über die bisherigen Ausdrucksmöglichkeiten hinausging. Die Philosophie hatte daran keinen geringen Anteil, denn die Anthropozentrik aufklärerischen Denkens führte zur wachsenden Aufmerksamkeit auch auf das, was jenseits des rational Erfaßbaren lag, und machte das begriffliche Reden darüber erst möglich. In der europäischen Literatur waren es dann Namen wie Richardson, Rousseau, Sterne, Klopstock und der Goethe des *Werther*, die maßgebliche Signale für eine solche neue Dimension des Sprechens und Verstehens setzten. Zu bedenken ist freilich, daß die Geschichte des Fühlens sich nicht einfach analog zu der des Denkens vollzieht, sondern eben ihr eigenes Tempo und ihre eigenen Gesetze entwickelt, für die es bis heute noch wenig Anhaltspunkte gibt.

Inspiriert von einem universalen Begriff des Ich, wie er in der Philosophie des deutschen Idealismus am Ausgang des 18. Jahrhunderts entstand, unternahm Novalis nun einen bedeutenden Schritt über die neue Gefühlssprache seiner Zeit hinaus, indem er auch den Trieben, dem Eros als Sexualität, Ausdruck zu verschaffen und sie als persönlichkeitsprägende, wenn nicht gar kreative Faktoren zu verstehen versuchte. Innere Voraussetzung dafür bildete die allmähliche Verschiebung der zu einem beträchtlichen Teil von gesellschaftlichen Faktoren bedingten Schamgrenze, worüber denn auch Novalis kritisch reflektiert (S. 120) und wobei sich zeigt, daß seine Ansichten zu Liebe und Sexualität nicht in die engen bürgerlichen Moralvorstellungen des 19. Jahrhunderts hineinführen, sondern sie im Grunde überspringen.

Novalis' Notizen über »sinnliche Regungen« oder »Lüsternheit« sind nicht nur ohne Verklemmtheit, Scham und Selbsttadel niedergeschrieben, sondern drücken darüber hinaus sogar eine gewisse Neugier aus. Er ist jedenfalls weit

davon entfernt, masturbatorische Betätigung – »Die lü-
sterne Fantasie des Morgens veranlaßte Nachmittags eine
Explosion« (S. 49) – vorwurfsvoll als »Selbstbefleckung«[6]
zu verstehen, wie sie im warnenden Sprachgebrauch der
Zeit genannt und verurteilt wurde. Bis heute hat ja das Wort
»Masturbation« und seine Synonyme, zumindest im über-
tragenen Gebrauch, einen negativen Beiklang im Sinne des
Schwächlichen, Gemeinschaftsunfähigen, ja Autistischen
behalten. In Wirklichkeit jedoch ist Masturbation nicht nur
Triebentladung, sondern ein beträchtliches Stimulans der
Phantasie, was man bei Novalis' Protokollen seiner Selbst-
experimentation wohl berücksichtigen sollte.

Es ist paradox, daß Novalis' offene, schonungslose Äuße-
rungen über seine Sexualität die Vorstellungen von seiner
Persönlichkeit und das Urteil über sein Werk gerade dort
ungünstig beeinflußt haben, wo man sich viel auf die eigene
Aufgeklärtheit zugute hält. Novalis' Verhältnis zur leben-
den wie zur toten Sophie von Kühn hat ja letztlich bei der
Nachwelt einen durchaus zwiespältigen Eindruck hinterlas-
sen. Neben unkritischer Schwärmerei finden sich Abwehr,
Spott, wenn nicht gar Verachtung. Dabei können solch de-
nunziatorische Begriffe wie Pädophilie und Nekrophilie
noch beiseite gelassen werden, denn sie sind mit strafrecht-
lichen oder moralischen Bedeutungen belastet und zur sachlichen Betrachtung komplexer Gegebenheiten im Grenzbe-
reich des Biographischen und Ästhetischen nicht brauchbar.
Der Vorwurf, die junge Braut schon zu deren Lebzeiten und
erst recht in den Wochen der »Trauerarbeit« zur Muse umge-
staltet und damit im Grunde ihre Persönlichkeit mißachtet
zu haben, ist sehr viel ernster zu nehmen, schon allein weil

6 Novalis fragt sich über den Sinn des Ausdrucks im Zusammenhang mit anderen Komposita im »Allgemeinen Brouillon« (HKA Bd. III, S. 263).

der Vorgang sich historisch in jenem Jenaer Freundeskreis ereignete, in dem man gern Anfänge der Frauenemanzipation bei den Deutschen sieht. Attestieren also das *Journal* und die Losung »Xstus und Sophie« eher die Preisgabe der Geliebten als die absolute Hingabe an sie im intendierten Liebestod? Stirbt sie den Opfertod für den Mann?

3.

Es gibt von Novalis noch ein weiteres Dokument, das sich als Beleg einer Art Liebesverrats lesen läßt, freilich auf ganz andere Weise. Novalis verlobte sich Ende 1798 in Freiberg mit Julie von Charpentier. »Das Verhältniß, von dem ich Dir sagte, ist inniger und fesselnder geworden. Ich sehe mich auf eine Art geliebt, wie ich noch nicht geliebt worden bin. Das Schicksal eines *sehr liebenswerthen* Mädchens hängt an meinem Entschlusse – und meine Freunde, meine Eltern, meine Geschwister bedürfen meiner mehr, als je«, schreibt er am 20. Januar 1799 an Friedrich Schlegel, um dann mit dem ungeheuren Satz zu schließen: »Ein sehr interressantes Leben scheint auf mich zu warten – indeß aufrichtig wär ich doch lieber todt.«[7] Die Frage, was Julie von Charpentier empfunden hätte, wäre dieser Brief in ihre Hände gekommen, läßt sich nicht unterdrücken. Erklärendes ist jedoch zur Hand. Anfang Dezember hatte Novalis an Schlegel davon berichtet, daß er »seit 2 Jahren [...] nicht mehr für die Zukunft gesorgt«, sich also auf den baldigen Tod vorbereitet habe und auch weiterhin glaubt: »Der frühe Tod ist jezt mein großes Los.«[8] Aber die veränderten Umstände in Freiberg hätten ihn immerhin, wie er schreibt, das »Fortleben«

7 HKA Bd. IV, S. 273.
8 HKA Bd. IV, S. 268.

als »zweyten Gewinn«[9] erwägen und Pläne für diesen Fall machen lassen. Novalis behandelt, mit anderen Worten, Tod und Leben als Optionen in einer Weise, wie man heute vielleicht mit Urlaubszielen umgeht. Daß hinter solchen Überlegungen womöglich bewußte oder halbbewußte Frivolität und mithin das Spiel romantischer Symphilosophie steckt, dürfte der großen Ernsthaftigkeit seines Charakters nicht entsprechen. Wir wissen, daß der Tod als Teil des Lebens damals allgemein, aber insbesondere in der Familie Hardenberg, eine sehr viel unmittelbarere und selbstverständlichere Rolle spielte, als uns das heute vorstellbar ist. Von Novalis' zehn Geschwistern überlebte nur eines die Mutter: der Bruder Anton erreichte als einziger das »hohe« Alter von vierundvierzig Jahren. Die üppige Feier des Todes in der pietistischen Literatur und vor allem im Kirchenlied mochte da als besonders trostreich empfunden werden. Novalis war überdies seit Jahren kränkelnd und depressiven Stimmungen verschiedentlich ausgesetzt. Schon der »Entschluß« des *Journals*, Sophie von Kühn nachzusterben, war auf solchem Boden gewachsen. Nun jedenfalls traten Liebe und Tod erneut gemeinsam vor seine Augen, nur eben auf eine Weise, die wiederum die Vieldeutigkeit des Wortes »Liebe« sichtbar machte, denn auf die »Art« einer Julie von Charpentier war er eben »noch nicht geliebt worden.«

Über vergangene Zeiten wissen wir wenig, und die überlieferten Tatsachen assimilieren wir uns nach unseren eigenen Vorstellungen. Für Novalis scheint nach all dem, was uns von den moralischen Regeln seiner Zeit bekannt ist, der voreheliche sexuelle Verkehr mit seinen Verlobten wenig wahrscheinlich. Die Frage ließe sich überdies als irrelevante

9 HKA Bd. IV, S. 268.

voyeuristische Schnüffelei abtun, wenn nicht eben sexueller Vollzug im dichterischen Werk des Novalis eine einzigartige, machtvolle Gestaltung erführe. Daß Novalis durch eine bevorstehende Ehe mit Julie von Charpentier in dessen reale Nähe rückte, liegt auf der Hand.

Novalis hat sich in seiner Freiberger Zeit mit vielartigen naturwissenschaftlichen Studien befaßt, darunter speziell auch mit medizinischen. Im Laufe des Jahres 1799 finden sich unter seinen Aufzeichnungen Bemerkungen über die »stimulirende Kraft« des Phosphors bei »Impotenzen« (S. 171), über »Saamenbeschwerden«, ein Rezept für Waschungen »bey Schwäche der Schamtheile« (S. 172), über »reitzende Pflaster zur Stärkung der Geschlechtsth[eile]« (S. 172), und bei einer Mixtur »gegen schlaffes Zahnfl[eisch]« steht die Frage: »Nicht auch zur Stärkung des Penis?« (S. 173) Außerdem finden sich in den »Medizinischen Bemerckungen« aus der zweiten Hälfte des Jahres 1799 Notizen über die mögliche Anwendung des »spanischen Fliegenpflasters«, das, wenn man den Quellen nachgeht, unter anderem beim sogenannten »Nachtripper«[10] helfen sollte. Vor voreiligen Schlüssen warnend ist sogleich hinzuzufügen, daß diese Aufzeichnungen nicht isoliert für sich stehen, sondern Teil zahlreicher Überlegungen und Fragen zu körperlichen Funktionen sind, und in den Begriffen Schwäche und Stärkung spiegelt sich natürlich vor allem die Beschäftigung mit John Browns Erregungslehre. Dennoch läßt sich die Erwägung pathologischer Aspekte von Novalis' Erotik nicht ganz unterdrücken, solange man sich von weiteren Spekulationen fernhält.

10 HKA Bd. III, S. 616 und 1045. Die Quelle ist ein Aufsatz in Hufelands »Journal der practischen Arzneykunde und Wundarzneykunst«, Bd. 8, 1. Stück, S. 171-173.

Zu den Abhängigkeiten zwischen Physiologie, Psychologie und der kreativen Tätigkeit von Philosophie und Poesie kann alle Wissenschaft nur Fragen aufwerfen, aber kaum erwarten, summierende Resultate zu erhalten, da sie selbst in dieser Abhängigkeit steht und Erkenntnis nicht stattfinden kann, wo Untersuchende und Untersuchtes miteinander identisch sind. Erst die Kreativität des ästhetischen Diskurses, also die Anschauung des Kunstwerks, kann über solche Abhängigkeit hinausführen. Die naive Schlußfolgerung jedenfalls, daß der visionäre Aufschwung zur Liebe als »Unum des Universums« schlechterdings Kompensation körperlicher Insuffizienz des Phtisikers Friedrich von Hardenberg sei, würde lediglich einen primitiven Vulgärmaterialismus reflektieren. Geistige und körperliche Existenz stehen in einem sehr viel komplizierteren Verhältnis zueinander. Novalis selbst hat sehr eindrucksvoll das »Ideal der höchsten Stärke« als das »Maximum der Barbaren« mit einer »brutalen Anziehungskraft für Schwächlinge«[11] bezeichnet. Bedenkenlose Stärke erscheint ihm ebenso selten als kreativ wie impotente Schwäche. Was auch immer die Ursachen und Antriebe von Novalis' Sinnlichkeit gewesen sein mögen – er hat sie schöpferisch zu nutzen und ins philosophische wie literarische Werk, damit also in Allgemeingültiges umzusetzen vermocht.

4.

Novalis' theoretische Schriften enthalten faszinierende Gedanken zu den Funktionen der Sexualität in Bezug auf die geistige Tätigkeit des Menschen und die gesellschaftliche

11 HKA Bd. III, S. 576.

Rolle der Geschlechter. Ein größerer Begriff vom Wesen der Erotik entsteht. Das geschieht allerdings nicht nur unter dem unmittelbaren Einfluß persönlicher Erfahrungen, sondern zugleich im Dialog romantischer Symphilosophie, also vor allem im Gespräch mit Friedrich Schlegel. Auffällig dabei ist, wie rasch bei Schlegel Gedanken ins Philosophisch-Spekulative übergehen, während das Denken von Novalis immer zur Bildlichkeit neigt und die Tendenz zum Übergang in den dichterischen Diskurs besitzt. Im Sommer 1798 beginnt Schlegel Notizen »zur Physik«, die sich mit den Unterschieden zwischen den Geschlechtern – in abenteuerlicher Analogie zu Pflanzen und und Mineralien – sowie einer Art Erotik körperlicher Funktionen befassen, also etwa dem Versuch der Identifizierung von Zeugen und Essen.[12] Novalis notiert das und kommentiert es mit Sätzen wie: »Zu der Schl[egelschen] Ansicht könnte man das noch hinzufügen – daß die Kräuterfressenden Thiere den *Philogynen*« – wir würden heute wohl von Heterosexuellen sprechen – »und die Fleischfressenden den *Paederasten* zu vergleichen wären. Umarmen ist Genießen – Fressen. Ein Weib ist, wie der unsterbliche Eber in Walhalla, alle Tage wieder Speisefähig.« (S. 83) Letzteres bezieht sich auf den Eber Saehrimnir in der Lieder-Edda: der *Ofterdingen* mit seinem Ausflug in nordische Mythologie im Klingsohr-Märchen wirft, wie man sieht, bereits seine Schatten voraus.

Ungefähr zur gleichen Zeit entstehen Novalis' sogenannte »Teplitzer Fragmente«, in denen auf solcher Grundlage Ansätze zu einer regelrechten Philosophie der Erotik gemacht werden, in einem experimentellen Spiel freilich, das die Frauen als sehr schwankende Wesen zwischen Ani-

12 HKA Bd. III, S. 89.

malität und Geist sieht, aber kulminierend dann in Sätzen wie: »[Eine] Verbindung, die auch für den Tod geschlossen ist – ist eine Hochzeit – die uns eine Genossin für die Nacht giebt. Im Tode ist die Liebe, am süßesten; für den Liebenden ist der Tod eine Brautnacht – ein Geheimniß süßer Mysterien« (S. 50). Sätze wie diese, die Novalis den Ruf der Nekrophilie eingetragen haben, bilden die Brücke zwischen der Erotik sammelnder und suchender Selbstbeobachtungen wie Reflexionen im *Journal* und derjenigen des dichterischen Werks, das um diese Zeit erst langsam im Entstehen begriffen ist, parallel zum Enzyklopädie-Plan des *Allgemeinen Brouillons*.

Charakteristisch für Novalis ist schon in den »Teplitzer Fragmenten« die Fortführung jener von Friedrich Schlegel angeregten Analogien zwischen körperlicher und geistiger Tätigkeit und damit die Suche nach einer Verbindung zwischen Sexualität – »Wollust« – und Liebe als geistigem Phänomen. »Alles Geistige Genießen« könne »durch Essen ausgedrückt werden«, heißt es an einer Stelle, und ergänzend dazu: »Die körperliche Aneignung ist geheimnißvoll genug, um ein schönes Bild der Geistigen *Meinung* zu seyn.« (S. 80) Der Schritt von hier zu einer religiösen Erotik ist nicht weit, denn das Abendmahl erscheint Novalis gleichfalls als eine Analogie zwischen körperlicher Aufnahme und geistig-geistlicher Empfängnis, ein Gedanke, der in der vermutlich aus der gleichen Zeit stammenden *Hymne* (S. 81 f.) eine erste dichterische Gestalt annimmt, und eine provokative dazu.

Die geistliche Sinnlichkeit und sinnliche Geistlichkeit des Gedichts kulminiert schließlich in der Vorstellung einer regelrechten Seelen-Wollust (»Heißere Wollust / Durchbebt die Seele«, S. 82). Aber provokativer für seine eigene Zeit war es wohl, als Novalis in der Fragmentsammlung *Glauben und Liebe* sogar eine politische Erotik entwarf und sie noch dazu in den gewiß weder provokativen noch erotischen *Jahrbüchern der Preußischen Monarchie* veröffentlichte, eingeleitet von einem Schlüsselsatz zu seiner Erotik: »Was man liebt, findet man überall, und sieht überall Ähnlichkeiten. Je größer die Liebe, desto weiter und mannichfaltiger diese ähnliche Welt. Meine Geliebte ist die Abbreviatur des Universums, das Universum die Elongatur meiner Geliebten.« (S. 61) Die Verbindung zur Liebe als »Unum« des Universums sticht ins Auge, und die analoge Anwendung auf den Staat, auf das symbolische Liebespaar von König und Königin wird denkbar, denkbar freilich auch, daß ein preußischer König damit seine Schwierigkeiten hatte.

Vielfältig hat Novalis erotische Thematik in den Aufzeichnungen des *Allgemeinen Brouillons* variiert. »Befruchten« und »Essen« werden zueinander in Beziehung gesetzt, »Verzehren« und »Empfangen« als männlich oder weiblich verstanden, und den Eigenarten der Geschlechter wird nachgefragt, zunächst ganz im Sinne jener idealistischen Dialektik, wie sie damals mit Fichte und Schelling zur regelrechten Modephilosophie der Zeit unter jungen deutschen Intellektuellen wurde, einer Dialektik, die das Eine, das Unum durch Entgegensetzen erfassen zu können glaubte. Aber Novalis geht gerade in seiner erotischen Philosophie darüber hinaus. Nicht von einer Dominanz des Geistigen über das Körperliche kann bei ihm gesprochen werden, sondern von einer Wechselbeziehung, die dem Körperlich-Sinnlichen ein eigenes Recht verleiht, wie das schon aus den Notizen im *Journal* erkennbar war. »Seele und K[örper] *berühren sich* im Act«, lautet ein Satz des *Brouillons*, und er wird eingeleitet durch die Notierung der »Staffeln« einer »Leiter« – »*Blick*«, »*Händeberührung*«, »*Kuß*«, »*Busenberührung*«, »*Grif an die Geschlechtstheile*«, »Act der Umarmung« – auf der die Seele zum Körper heruntersteigt, während der Körper wiederum eine Art eigener Leiter entwickle, um sich mit der Seele zu treffen (S. 84). Die Lust an solchen Analogien führt zu Sätzen wie: »Die Denkorgane sind die Weltzeugungs- die Naturgeschlechtstheile.« (S. 172) Oder gar: »D[as] Gehirn gleicht den Hoden« (S. 171), was freilich für manche modernen Betrachterinnen und Betrachter eine höchst bedenkliche männliche Anthropologie verrät, fernab von aller politischen Korrektheit. Daß Novalis' Sexualphilosophieren schließlich auch Sätze hervorbringt wie »Gefühl *der Weltseele* etc. in d[er] Wollust« (S. 118), erscheint nur konsequent auf dem Weg zu seinem universalen Verständnis der Liebe.

Versucht man, diese Gedanken in den größeren Zusammenhang einer Geschichte der Gefühle zu bringen, so wird sehr deutlich, daß Novalis mit ihnen tatsächlich weit über seine Zeit hinausdachte. Das zentrale Ergebnis der sogenannten sexuellen Revolution des 20. Jahrhunderts, insbesondere seit der Einführung von sicher wirksamen Kontrazeptiva, ist die »Auflösung des Junktims Sexualität – Fortpflanzung« geworden.[13] Eben dieses Junktim jedoch gilt schon für Novalis nicht mehr, ist doch für ihn der sexuelle Akt nicht nur Analogie, sondern auch Medium zu einem geistigen. Der Zeugungsakt als Prokreation eines neuen Lebewesens wird damit ebenso übersprungen, wie Novalis' Theorien historisch das 19. Jahrhundert einer bürgerlich-viktorianischen Prüderie überspringen, was schon in seinen

---

13 Wolfgang Beutin: Sexualität/Liebe. Neuzeit. In: Peter Dinzelbacher (Hrsg.): Europäische Mentalitätsgeschichte. Stuttgart 1993, S. 92.

kritischen Gedanken über die Schamhaftigkeit und der geradezu exhibitionistischen Offenheit im eigenen Schreiben zu sehen war.

Noch ein weiterer Aspekt von Novalis' erotischem Philosophieren ist zu bedenken. In den Studien des Jahres 1799 steht die Frage, ob »Geschlechtslust«, die »Sehnsucht nach *fleischlicher* Berührung« wohl gar »ein versteckter *Appetit* nach Menschenfleisch« (S. 119) sein könnte. Im Kontext der Transsubstantiation, also etwa der religiösen Leib-und-Blut-Erotik einer Abendmahls-*Hymne*, hieße das letztlich nichts anderes, als daß wohl gar eine Verwandtschaft zwischen Eucharistie und Kannibalismus bestünde. Novalis interessiert, mit anderen Worten, neben der Konvertierung geistiger Kraft in körperliche Erotik und körperlicher Kraft in geistige Erotik durchaus auch die animalische Seite der Erotik an und für sich als der unter der Vorherrschaft eines christlichen Sündenbewußtseins bisher am wenigsten bekannte und erforschte Bereich. Im *Allgemeinen Brouillon* steht im Kontext einer Analogie zwischen dem Verbrennungsprozeß einerseits und dem Verhältnis von Widerstand und raubtierhaftem Genuß andererseits der erstaunliche, aus dem antithetischen Denken Fichtes hervorgewachsene Satz: »Nothzucht ist der stärkste Genuß.« (S. 83) Und in den späten Fragmenten gibt es Bemerkungen über den Zusammenhang von »Wollust, Religion und Grausamkeit« (S. 119) ebenso wie Gedanken über die Verbindung zwischen Lust, Krieg und Schmerz: »Wollust ist ein gefälliger und veredelter Schmerz. Aller *Krieg* ist wollüstig.« (S. 119) Nun ist es leicht, dergleichen als Männerphantasien zu etikettieren und zu verachten, aber es wird damit wenig gesagt über die Bedeutung solcher Fragen innerhalb der Geschichte menschlicher Selbsterkenntnis, zu der die Geschichte der Gefühle als wesentlicher Teil gehört. Krieg und Grausamkeit waren Erfahrungen, die das späte 18. Jahrhundert exemplarisch und in beträchtlichen Ausmaßen an den Auswirkungen der Französischen Revolution machen konnte. Die Verbindung zur »Wollust« boten die allbekannten sexuellen Exzesse, die sich bei den zahlreichen Hinrichtungen ereigneten. Schmerz und Tod kamen damit zugleich ins Spiel, aber sie waren natürlich auch eine ganz persönliche Lebenstatsache für Novalis selbst. Der Verweis auf die französischen Verhältnisse läßt jedoch zugleich die kontroverse Figur des Marquis de Sade vor uns erstehen, der in Gefängnis und Irrenhaus Phantasien über die Wertlosigkeit gängiger Werte entwarf und aus der Verbindung von Gewalt, Grausamkeit, Tod und Wollust eine eigene Philosophie über den Triumph natürlicher Triebhaftigkeit entwickelte. Für die Liebe als »Unum des Universums« wie für die Liebe als geistige Kraft überhaupt hätte er nur Hohn bereit gehabt. Aber wenn nicht er Novalis, so hätte Novalis sehr wohl ihn verstanden, denn die Suche nach jener »Leiter«, die vom Körperlichen zum Geistigen und umgekehrt führte, hatte – bildlich gesprochen – Novalis durchaus auch in die Kellergewölbe der menschlichen Natur gebracht, vielen seiner deutschen Zeitgenossen weit voraus.

Novalis war ein Deutscher, genährt von der Philosophie des deutschen Idealismus und dessen visionärer Humanität wie spekulativer Suche nach einem unerreichbaren Absoluten, das »aus der Welt hinaus ostraciren«[14] mußte. Zu seinen letzten Aufzeichnungen gehört ein Blatt aus dem Juli oder August 1800, da er an der Fortsetzung des *Heinrich von Ofterdingen* arbeitete. Es beginnt mit dem Satz »Poësie

14 HKA Bd. II, S. 269 f. und 395.

ist wahrhafter Idealismus«,[15] enthält Notizen und Pläne zum Roman und dazu, was Novalis »Tausendfache Gestalten der Liebe« (S. 161) oder »*Fantasieen der Liebe*« (S. 137 f.) nennt. Es ist eine Liste von insgesamt vierunddreißig Begriffen und deren möglichen Verbindungen mit der Liebe oder Verhältnissen zu ihr, so zum Beispiel »Unschuld [und/der Liebe]«, »Haß [und/der Liebe]«, »Grausamkeit [und/der Liebe]«, »Glauben [und/der Liebe]«, »Poësie [und/ der Liebe]«, »Geschichte [und/der Liebe]«, »Religiositaet [und/der Liebe]«, »Mystizism [und/der Liebe]« oder »Philosophie [und/der Liebe]«. Es ist eine Liste, die die Universalität eines Liebesbegriffes ebenso illustriert wie dessen Zerfall in eine nicht mehr faßbare Vielfalt. Die Philosophie kann nicht fassen, was über die Begriffe des Menschen geht. Vollendung des deutschen Idealismus und skeptische Kritik an ihm müssen Hand in Hand gehen. Das letzte Wort hat der Poet zu sprechen.

5.

Für Novalis' poetische Erotik kommen üblicherweise zuerst die *Hymnen an die Nacht* in den Sinn, besteht bei ihnen doch die unmittelbarste Verbindung zu den frühen Gedanken und Visionen über Christus und Sophie, über sexuellen und religiösen Eros also. Die *Geistlichen Lieder* bilden dazu ein auf die christliche Gemeinschaft gerichtetes Pendant. Vieles von dem, was in den Fragmenten als suchende Reflexion präsent ist, wird tatsächlich in den *Hymnen* dichterische Gestalt. Die Gedanken über eine ewige Brautnacht, über Hochzeit und Tod, über Jungfrau und Mutter aus den »Teplitzer Fragmen-

15 HKA Bd. III, S. 640.

ten« erstehen neu im Kontext einer dichterischen Idee, die am Ausgang eines Jahrhunderts der Aufklärung herausfordernd die Nacht über den Tag stellt und sie zur »Pflegerinn seliger Liebe« (S. 145) erhebt. Aber die darauf folgende Identifizierung von Geliebter und »Geliebtem« – »Hinunter zu der süßen Braut, / Zu Jesus dem Geliebten« (S. 151) – verrät durchaus den historischen Ort solcher Gedanken, die in ihrer für orthodoxere Christen geradezu blasphemischen Einsetzung einer privaten Mittlerfigur neben der in der Religion offenbarten sehr deutlich den Durchgang durch eine Zeit der Säkularisation erweisen, ebenso wie die »Pein« als »Stachel der Wollust« (S. 146 f.) die Brücke schlägt zwischen pietistischer Schmerz-Ekstase und dem Marquis de Sade. Die Zahl der Bewunderer von Novalis' poetischer Gestaltung solch außerordentlicher Paarung wird wahrscheinlich immer größer bleiben als die Zahl derjenigen, die sich mit ihr identifizieren wollen.

Das eigentliche große Gefäß für Novalis' erotische Bildersprache ist bei aller apotheotischen Verkündung universaler Liebe in den *Hymnen* – »Die Lieb' ist frey gegeben, / Und keine Trennung mehr« (S. 149) – dann doch der *Heinrich von Ofterdingen* samt den Plänen zu seiner Fortsetzung geworden. Liest man das Buch unter diesem Aspekt, so bietet es eine erstaunliche Fülle an oft gewagten Details. Schon der Weg des träumenden Heinrich zur blauen Blume führt durch wollüstiges Gelände, wenn er nackt ihr zuschwimmt und »die Flut« eine »Auflösung reizender Mädchen« zu sein scheint, »die an dem Jünglinge sich augenblicklich verkörperten«, während die Blume selbst sich monogamer als »ein zartes Gesicht« im »blauen Kragen« erweist (S. 113 f.). »Die Lüsternheit war von früh bis Nachmittags rege«, hieß es im *Journal*.

Der weitere Verlauf von Heinrichs Bildungsreise in Gemeinschaft mit der Mutter nach Augsburg und zur Begegnung mit Mathilde ist nunmehr keusch und hat dennoch seine erotische Perspektive. Denn nichts anderes als der poetische Vollzug jener mit dem Zusammenhang von Essen und Lieben befaßten Notiz aus den »Teplitzer Fragmenten« von 1798 scheint sich nun zu ereignen: »Die Lippen sind für die Geselligkeit so viel, wie sehr verdienen sie den Kuß. Jede sanfte weiche Erhöhung ist ein symbolischer Wunsch der Berührung. So ladet uns alles in der Natur figürlich und bescheiden zu seinem Genuß ein – und so dürfte die ganze Natur wohl weiblich, Jungfrau und Mutter zugleich seyn.« (S. 79) Die Linie, die im Roman von der Umarmung der Mutter am Anfang der Reise zum Kuß der Geliebten am Ende führt, ist darin ebenso vorgezeichnet wie die erotische Einfahrt des Bergmanns in die Erde, »als wär' sie seine Braut« (S. 99), und außerdem auch die seltsame Marienverehrung des Protestanten Hardenberg.

Die Gewagtheit von Novalis' Erotik allerdings zeigt sich erst außerhalb des bürgerlichen Bereichs der Romanhandlung, nicht nur im Traum, wie am Anfang, sondern vor allem in Klingsohrs großem Märchen am Ende des ersten Teils. In ihm gibt es nun ausdrücklich einen Helden namens Eros, der erst beträchtliche Abenteuer bestehen muß, ehe er zum neuen König und Ehegemahl von Freya, der Verkörperung des Friedens, proklamiert werden kann. Mit seiner eigenen Amme nämlich, die zugleich Konkubine seines Vaters ist und – Spiegel der Handlung des Romans – als Reisebegleiterin des jungen Helden zu seinem Schutze die Gestalt seiner Mutter annimmt, zeugt er inzestuös eine ganze Schar Kinder, nachdem er mit ihr, der Tochter des Mondes, eine sinnreiche, aber auch laszive Show betrachtet hat, in der er sich selbst wiedererkennt, »über ein schönes schlummerndes Mädchen hergebeugt«, mit dem er »von den Hüften an in Eine Blume verwandelt zu seyn« (S. 124) schien. Die aufgelöste Asche der im Opfertod verbrannten wirklichen Mutter wird er am Ende als eucharistischen Trank in sich aufnehmen. Oedipaler Drang zur Mutter als Jungfrau, Kuß, »Busenberührung« und Umarmung wie die Aufhebung der Gegensätze der Geschlechter im Bilde der Androgynie: hier werden sie poetisches Ereignis. Was davon literarisches Spiel, intellektualisierte Anschauung oder im tiefsten Grund von Novalis' Persönlichkeit angelegt ist, auf den in seiner Lebenswirklichkeit die Liebe zu einem noch kindhaften Mädchen weisen mag, wird aller sachlichen Erkenntnis verschlossen bleiben.

Der *Heinrich von Ofterdingen* ist – die unverwelkliche blaue Blume selbst spricht dafür – ein beziehungsreiches, bildstarkes Kunstwerk, das sich nicht auf sexuelle Bezüglichkeiten reduzieren läßt. Wir bedürften der Dichter nicht, wenn wir nur hören wollten, worin wir uns alle gleich sind. Daß Zusammenhänge zwischen dem Roman und den vielfältigen Gedanken über Männliches und Weibliches wie über Liebe in ihren mannigfaltigen Erscheinungsformen bestehen, ist unbestreitbar. Schließlich ist Klingsohrs Märchen eine allegorische Dichtung und damit bis zu einem gewissen Umfang direkt übersetzbar in Begrifflichkeit. Der Triumph von »Lieb' und Frieden« (S. 122) ist seine wörtlich ausgesprochene Apotheose. Das »Unum des Universums« ist als Allegorie präsent, und der deutsche Idealismus erfüllt sich aufs harmonischste. Das Besondere an diesem Werk ist jedoch, daß Novalis eine solche Apotheose aus den Tiefen der menschlichen Natur hervorzuholen versucht und sie nicht nur spekulativ begründet, daß sein philosophischer und politisch-utopischer Eros also die »Fantasieen der Liebe« ein-zubeziehen versucht wie andererseits auch die Realität des Todes, aus der jener religiöse Eros aufsteigt, der schon Ge-genstand der *Hymnen an die Nacht* und der *Geistlichen Lieder* war. Es wäre wohl die Aufgabe des zweiten Teils des Romans gewesen, die poetische Synthese dieser verschiede-nen Formen des Eros im Bilde zu gestalten.

Ganz versagt geblieben ist uns der Eindruck davon den-noch nicht. Vielleicht ist sogar gerade die unübertrefflichste Gestaltung dieser Synthese erhalten geblieben, nämlich je-nes großartige Gedicht aus den Plänen zur Fortsetzung des *Ofterdingen*, dem Jacob Minor zuerst den Titel *Das Lied der Toten* gegeben hat (S. 162 ff.). Religiöser und philoso-phischer Eros sind in ihm auf einzigartige Weise vereinigt, das Orgastische der Sexualität zu einem visionären Allge-meinzustand erhoben und in suggestiver, hinreißender poe-tischer Bildlichkeit realisiert.

Liebe und Tod weisen auf die Grenzen menschlicher Existenz. Liebe als Sexualität führt ihrem ursprünglichen Zwecke nach zur Zeugung neuen Lebens, der Tod ist der Schritt aus dem Leben hinaus in jenes »unentdeckte Land, von des Bezirk kein Wandrer wiederkehrt«,[16] wie Hamlet sagt. Daß der Mensch als geistiges Wesen nicht nur die »grause Larve« des Todes zu »verschönen«,[17] sondern dank seiner Liebeskraft den Tod als Teil des Lebens zu ver-stehen vermag, ist die Überzeugung, der Novalis in diesem Gedicht stärker noch als in der Christlichkeit der *Hymnen* Gestalt verleiht.

Mit der Lust beinahe schon eines impressionistischen und ästhetizistischen Fin de siècle an schönen Dingen schildert

16 Shakespeare, *Hamlet*. Übersetzt von A. W. Schlegel. 3. Akt, 1. Scene.
17 HKA Bd. I, S. 143.

Novalis eine der Zeit und dem Raum entrückte Gemeinschaft, der die »Liebe« zum »Leben« geworden ist. Liebe
aber wird in ihrem umfassendsten Sinne als ebenso geistig
wie körperlich verstanden. Die Sexualität erhält spirituelle
Würde, das spirituelle Dasein sinnliche Fülle und Lust. Hier,
im Totenreich des Gedichts, wird alles dies zur lyrischen Anschauung. »Wollust räthselhafter Spiele« verbindet diese
Gemeinschaft im »süßen Reiz der Mitternächte«. »Wollust
der Wasserberührung« (S. 105) hatte sich Novalis in seinen
späten Aufzeichnungen notiert – hier wird sie Gestalt. Was-
sermetaphorik, in pietistischer Sprache dominierend für
das »Überströmtwerden« von der Präsenz Gottes,[18] sowie
die Dialektik von Vereinigen und Teilen werden zum Ausdruck einer zutiefst sexuell empfundenen Gemeinsamkeit:

> Leiser Wünsche süßes Plaudern
> Hören wir allein, und schauen
> Immerdar in selge Augen,
> Schmecken nichts als Mund und Kuß.
> Alles was wir nur berühren
> Wird zu heißen Balsamfrüchten
> Wird zu weichen zarten Brüsten,
> Opfer kühner Lust.
>
> Immer wächst und blüht Verlangen
> Am Geliebten festzuhangen,
> Ihn im Innern zu empfangen,
> Eins mit ihm zu seyn,
> Seinem Durste nicht zu wehren,

---

18 vgl. dazu August Langen: Der Wortschatz des deutschen Pietismus. Tübingen 1968, S. 319 ff.

Sich in Wechsel zu verzehren,
Von einander sich zu nähren,
Von einander nur allein.

Diese seelisch-sinnliche Vereinigung aber – und das ist das Überraschende daran – vollzieht sich genau jener Stufenleiter entsprechend, die Novalis im *Allgemeinen Brouillon* entworfen hatte: vom Geistigen des »Blickes« der Augen über »Kuß« und »Busenberührung« bis zum »Act der Umarmung«. Das Gedicht wird zu einem lyrischen Orgasmus in Wort und Klang, und aus dem theoretischen Diskurs erwächst der poetische in einer Bruchlosigkeit, über die allein Novalis unter seinen Jenaer Freunden verfügte.

Läse man diese Strophen ohne Kenntnis des Zusammenhangs, man wäre kaum in der Lage, sie als Teil eines »Liedes der Toten« zu verstehen. Der Wechsel zwischen Geliebter und Geliebtem führt auf den Weg zu einer transsexuellen Anthropologie. Sexus, Eros und Caritas sind nicht mehr zu trennen. »Lieb'« und »hohe Wollust« sind dementsprechend die Begriffe, mit denen Novalis in der folgenden Strophe jene Erotik zu fassen versucht, die für ihn Sinn und Ziel menschlicher Existenz, »Endzweck der Weltgeschichte« und »Unum des Universums« darstellt. Ihre Legitimation erfährt sie aus dem Glauben, aus Gott, in den man im Bilde der Ejaculatio eingeht:

Und in dieser Flut ergießen
Wir uns auf geheime Weise
In den Ozean des Lebens
Tief in Gott hinein.

Aber der christlich definierte Glaube der *Hymnen* macht einem sehr viel weiträumigeren Platz, wenn die selige Gemeinschaft, ihr zeitlos liebendes Dasein preisend, den noch nicht Auferstandenen empfiehlt:

> Aus den Gräbern und Ruinen
> Himmelsrosen auf den Wangen
> Schwebt ins bunte Fabelreich.

Das Reich der Toten ein »buntes Fabelreich«? In der Tat: die kleine Fabel als Regisseurin des Welterlösungswerks in Klingsohrs Märchen identifiziert das neue »Reich der Ewigkeit« (S. 122) ganz eindeutig als ein romantisch-poetisches.

Das *Lied der Toten* ist Rollenlyrik aus dem nicht konstruierbaren Kontext eines unvollendeten Romans. Man kann es nicht als Novalis' Widerspruch gegen seine eigene Christlichkeit in den *Hymnen* lesen, sondern eher als den Versuch, christliche Todesmystik seiner Wollust-Philosophie wie überhaupt seiner Erotik anzupassen. Gleichwohl aber enthüllt es das Wesen seiner Erotik wie kein anderes seiner Werke und mit ihm den historischen Übergang aus einem mythischen in ein psychologisches Weltverständnis, innerhalb dessen es bereits, wenn man an die tastend erfragten Zusammenhänge zwischen Gewalt, Blut, Verzehren und Sexualität denkt, in jenes Territorium führt, das hundert Jahre später zum Tummelplatz der sogenannten Psychoanalyse wurde. Für Novalis erhielt diese Erotik ihre Legitimation aus dem Glauben an Gott. In Wirklichkeit jedoch beruht die letzte, eigentliche Legitimation dieser weltumarmenden, zeitaufhebenden Liebesvisionen allein in der Gewalt der Sprache des Kunstwerks und damit im individuellen Künstler. Der deutsche Idealismus hat sich auf die Suche nach dem Absoluten gemacht, jenem schwer faßbaren Abstraktum, das Subjekt und Objekt, Natur und Geist in sich vereinigen sollte. Friedrich von Hardenberg nahm als junger Philosoph an dieser Suche rege teil und hat zusammen mit seinen Freunden Schlegel und Schelling manche bisher verschlossenen Türen des Denkens und Verstehens aufgetan. Dingfest oder, vorsichtiger ausgedrückt, vorstellbar gemacht hat unter ihnen aber wohl nur er dieses Absolute, da er in der Lage war, aus dem philosophischen Diskurs in den dichterischen überzugehen. Ein Gedicht wie das *Lied der Toten* führt so nahe an dieses Absolute heran, wie es dessen abstraktem Wesen entsprechend nur möglich ist. Die Identifikation des absoluten Daseins als »buntes Fabelreich« bedeutet aber doch wohl auch so etwas wie eine Mahnung zur Vorsicht bei aller Suche nach ihm und eine Warnung vor aller voreiligen Aktualisierung und Umsetzung in selbstgefertigte Lebensanschauungen. Dieses absolute Dasein liegt außerhalb der wirklichen Welt, auf die wir immer angewiesen sind. Und es behält sein Geheimnis, wie jedes bedeutende Kunstwerk es behalten wird. Darin besteht nicht nur die innigste Verwandtschaft zwischen beiden, sondern ebenso der fortdauernde Reiz aller Kunst.

Gerhard Schulz

Zeittafel

1772 2. Mai: Georg Friedrich Philipp von Hardenberg in Oberwiederstedt bei Hettstedt geboren. Eltern: Heinrich Ulrich Erasmus von Hardenberg und Auguste Bernhardine geb. von Bölzig.

1785 Umzug der Familie nach Weißenfels als Sitz für die Verwaltung der kursächsischen Salinen, zu deren Direktor der Vater ernannt worden ist.

1790 23. Oktober: Immatrikulation an der Universität Jena. Beziehungen zu Friedrich Schiller als Lehrer.

1791 24. Oktober: Immatrikulation an der Universität Leipzig.

1792 Erste Begegnung mit Friedrich Schlegel in Leipzig.

1793 27. Mai: Immatrikulation an der Universität Wittenberg.

1794 14. Juni: Juristisches Examen in Wittenberg.
       8. November: Aktuarius beim Kreisamt in Tennstedt.
       17. November: Erste Begegnung mit Sophie von Kühn (geb. 17. März 1782) in Grüningen bei Tennstedt.

1795 15. März: inoffizielle Verlobung mit Sophie von Kühn.
       Sommer: Begegnung mit Johann Gottlieb Fichte in Jena.

1796 Februar: Akzessist bei der Salinendirektion in Weißenfels.

1797 19. März: Tod Sophie von Kühns.
       14. April: Tod des Bruders Erasmus von Hardenberg (geb. 9. August 1774).
       Dezember: Studium an der Bergakademie Freiberg (bis Anfang 1799).

1798 April: *Blüthenstaub* erscheint unter dem Pseudonym »Novalis« im ersten Heft des *Athenaeums*.
       Juni/Juli: *Blumen* und *Glauben und Liebe* erscheinen unter dem gleichen Pseudonym in den *Jahrbüchern der Preußischen Monarchie*.
       Dezember: Verlobung mit Julie von Charpentier (16. März 1776 – 2. September 1811)

1799 Mai: Rückkehr nach Weißenfels.
       11.-14. November: »Romantikertreffen« in Jena mit August Wilhelm Schlegel, Caroline Schlegel, Friedrich Schlegel, Brendel

(Dorothea) Veit, Ludwig Tieck, Amalie Tieck, Friedrich Wilhelm Joseph Schelling und Johann Wilhelm Ritter.

7. Dezember: Ernennung zum Salinenassessor.

1800 August: Die *Hymnen an die Nacht* erscheinen, wiederum unter dem Pseudonym »Novalis«, im sechsten und letzten Heft des *Athenaeums*.

1801 25. März: Tod Friedrich von Hardenbergs in Weißenfels.

Bibliographie

Die Texte von Novalis sind folgender Ausgabe entnommen: Novalis. Schriften. Die Werke Friedrich von Hardenbergs. Begründet von Paul Kluckhohn und Richard Samuel. Hrsg. von Richard Samuel (†) in Zusammenarbeit mit Hans-Joachim Mähl und Gerhard Schulz. Historisch-kritische Ausgabe in vier Bänden, einem Materialienband und einem Ergänzungsband in vier Teilbänden mit dem dichterischen Jugendnachlaß und weiteren neu aufgetauchten Handschriften. Verlag W. Kohlhammer, Stuttgart / Berlin / Köln. Bd. I: 1977; Bd. II: 1981; Bd. III: 1983; Bd. IV: 1998; Bd. V: 1988; Bd. VI.1: 1998; Bd. VI.2: 1999 (= HKA).

Weitere Novalis-Ausgaben

Novalis. Werke. Hrsg. und kommentiert von Gerhard Schulz. 3. Aufl., C. H. Beck Verlag, München 1987.

Novalis. Werke, Tagebücher und Briefe Friedrich von Hardenbergs. Hrsg. von Hans-Joachim Mähl und Richard Samuel. Carl Hanser Verlag, München 1978 – 1987, 3 Bde.

Monographien

Hermann Kurzke: Novalis. C. H. Beck Verlag, München 1988 (Beck'sche Reihe: Autorenbücher Bd. 606).

Gerhard Schulz: Novalis. Mit Selbstzeugnissen und Bilddokumenten. 14. Aufl., Rowohlt Verlag, Reinbek 1998 (rowohlts monographien Bd. 154).

Herbert Uerlings: Novalis (Friedrich von Hardenberg). Reclam Verlag, Stuttgart 1998 (Reclam Universal-Bibliothek: Literaturstudium. Nr. 17612).

Penelope Fitzgerald

Die blaue Blume

Roman
Aus dem Englischen von Christa Krüger
it 2707. 240 Seiten

Die blaue Blume: Symbol romantischer Poesie, der Sehnsucht nach dem Unendlichen, Chiffre für ein Leben in und aus der Phantasie gegen die alltägliche Wirklichkeit. Penelope Fitzgerald erzählt von der Liebe des Dichters Novalis zu Sophie von Kühn, seiner »blauen Blume«, die im Alter von fünfzehn Jahren an Tuberkulose starb. Unter dem erstaunten, manchmal befremdeten Blick der englischen Autorin erscheint der Dichter in neuem Licht und gewinnt das Leben in der sächsischen Provinz um 1795 einen geradezu exotischen Reiz.
Ein faszinierender Roman über den Preis dichterischer Genialität.

Penelope Fitzgerald erhielt in den USA für *Die blaue Blume* den hoch angesehenen National Book Critic's Circle Fiction Prize.

NF 52/1/10.00

NF 51/1/10.00

Lektüre für Gestreßte
im insel taschenbuch

Buddha für Gestreßte. Ausgewählt von Ursula Gräfe
it 2594. 144 Seiten

Goethe für Gestreßte. Ausgewählt von Walter Hinck.
it 1900. 144 Seiten

Hesse für Gestreßte. Ausgewählt von Volker Michels.
it 2538. 200 Seiten

Karl Kraus für Gestreßte. Ausgewählt von Christian
Wagenknecht. it 2190. 144 Seiten

Kierkegaard für Gestreßte. Ausgewählt von Johan de
Mylius. it 2661. 128 Seiten

Nietzsche für Gestreßte. Ausgewählt von Ursula
Michels-Wenz. it 1928. 112 Seiten

Platon für Gestreßte. Ausgewählt von Michael Schroeder.
it 2189. 112 Seiten

Rilke für Gestreßte. Ausgewählt von Vera Hauschild.
it 2191. 112 Seiten

Schopenhauer für Gestreßte. Ausgewählt von Ursula
Michels-Wenz. it 2504. 125 Seiten

Seneca für Gestreßte. Ausgewählt von Gerhard Fink.
it 1940. 112 Seiten

NF 8/1/2.00

»Liebe«
Anthologien im insel taschenbuch

Die schönsten Liebesgedichte. Herausgegeben von Sigrid Damm. it 1872. 167 Seiten

Die schönsten Liebesgeschichten. Ausgewählt von Elisabeth Borchers. it 2213. 375 Seiten

NF 19/2/4.00